D1922812

INHALT

Salut! (Vorwort) 3
Portfolio 4
Tout d'abord (Vorkurs)........................ 6
LEÇON 1 14
auto-contrôle (Selbstkontrollübungen) 20
LEÇON 2 21
auto-contrôle 32
LEÇON 3 33
auto-contrôle 51–52
Das kann ich schon! (Portfolio Lektion 1–3) 53
LEÇON 4 54
auto-contrôle 67–68
LEÇON 5 69
auto-contrôle 77
LEÇON 6 78
auto-contrôle 88–89
Das kann ich schon! (Portfolio Lektion 4–6) 90
LEÇON 7 91
auto-contrôle 99–100
LEÇON 8 101
auto-contrôle 107–108
LEÇON 9 109
auto-contrôle 111
Module 1 112
Module 2 112
Module 3 113
Das kann ich schon! (Portfolio Lektion 7–9) 114
Annexe
Tandembögen (zu den Lektionen 3, 5 und 8) ... 115
Lösungen der *auto-contrôle*-Übungen......... 118
Inhalt der Audio-CD 122
Portfolio: La tour Eiffel
Bastelbogen I/II: Domi-nombres/Uhr
Bastelbogen IIIa + IIIb: Domino Lektion 5+6
IVa + IVb: Mémory/Spielkarten

Zeichenerklärungen

→ *nach SB Ü2*	Diese Übung kann nach der Schülerbuch-Übung 2 bearbeitet werden.
(G3)	Verweis auf die entsprechende Ziffer im grammatischen Anhang (Schülerbuch, Seite 96 ff.) oder im Grammatischen Beiheft.
VOC	Schwerpunkt dieser Übung ist die Vokabelarbeit.
	Der Text bzw. die Übung ist auf der CD zu hören.
	Diese Übung bereitet auf die DELF-Prüfung vor.
▽	Differenzierungsaufgabe: Diese Übung ist eher leicht.
△	Differenzierungsaufgabe: Diese Übung ist eher schwierig.
	Diese Übung wird am besten in Partnerarbeit durchgeführt.
www	Aufgabe mit Internet-Recherche.
	Das Ergebnis dieser Aufgabe könnt ihr in eurem Portfolio abheften.

Pour faire les activités du *Cahier*

Choisissez une situation.	Wählt eine Situation.
Cochez la bonne traduction.	Kreuzt die richtige Übersetzung an.
Complétez.	Vervollständigt/Ergänzt.
Continuez.	Macht weiter.
Contrôlez vos solutions.	Überprüft eure Lösungen.
Corrigez.	Korrigiert.
Dessinez les objets.	Zeichnet die Gegenstände.
Ecoutez le CD (une deuxième/troisième fois).	Hört die CD (ein zweites/drittes Mal).
Ecrivez dans votre cahier.	Schreibt in euer Heft.
Ecrivez un dialogue.	Schreibt einen Dialog.
Jouez.	Spielt.
Lisez le dialogue. Puis, jouez-le.	Lest den Dialog. Spielt ihn dann vor.
Posez des questions et répondez.	Stellt Fragen und beantwortet sie.
Regardez les noms.	Schaut euch die Namen an.
Relisez le texte.	Lest den Text noch einmal.
Répétez les rimes en classe.	Tragt die Reime in der Klasse vor.
Trouvez les mots/les phrases correctes.	Findet die Wörter/die richtigen Sätze.
Utilisez les mots suivants.	Benutzt die folgenden Wörter.

Salut!

Liebe Schülerin, lieber Schüler,

ich heiße Minette und begleite dich durch dein *Cahier d'activités*. Am besten blätterst du es erst einmal durch.

Du findest tolle Bastelbögen (in der Mitte des *Cahier)*, Spiele, Lieder, Rätsel, Gedichte und viele Übungen *(activités)*, in denen du anwenden kannst, was du im Schülerbuch gelernt hast.

Mit den Tandembögen im Anhang (ab Seite 115) kannst du mit einer Mitschülerin oder einem Mitschüler Gespräche auf Französisch üben.

Mein Tipp: Die Französisch-Klassenarbeiten kannst du erheblich gelassener angehen, wenn du die Selbstkontrollübungen *(auto-contrôle)* am Ende jeder Lektion machst und deine Ergebnisse mit den Lösungen am Ende des *Cahier* vergleichst.

Auf den nächsten beiden Seiten siehst du, wie du deine Lernfortschritte festhalten kannst und wie du alles sinnvoll aufbewahren kannst, was du zu Frankreich/Französisch gesammelt oder verfasst hast.

Und nun:

Viel Spaß und viel Erfolg mit deinem Cahier d'activités!

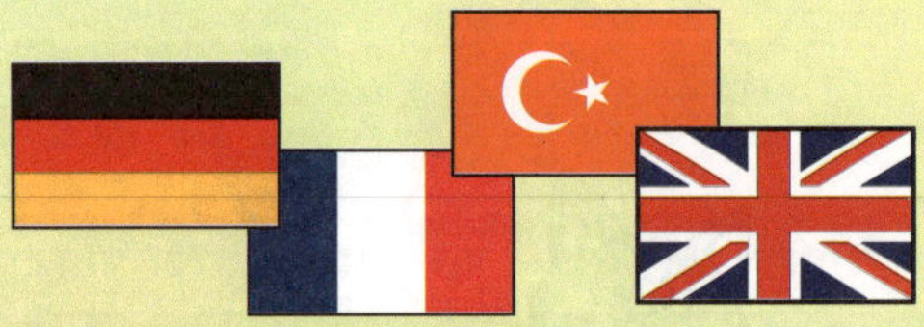

Meine Sprachen

Mit welchen Sprachen bist du schon in Kontakt gekommen?

Zu Hause und mit Verwandten spreche ich: ____________________

Mit meinen Freunden spreche ich: ____________________

Ich habe Freunde, die sprechen als Muttersprache: ____________________

____

Diese Sprachen lerne ich in der Schule: ____________________

Diese Sprachen habe ich schon auf dem Schulhof, in unserer Nachbarschaft, in den Ferien gehört oder gesprochen: ____________________

Diese Sprache gefällt mir am besten: ____________________

____

Diese Sprache(n) möchte ich gerne lernen: ____________________

____

So lerne ich Sprachen am liebsten.

Kreuze an.

☐ mit Liedern

☐ durch Zuhören

☐ beim Sprechen

☐ beim Spielen

☐ beim Lesen

☐ beim Schreiben

☐ am Computer

☐ in den Ferien

____

____________________ *(Hier kannst du noch mehr schreiben.)*

Mein Französisch-Portfolio

In deinem Sprachenportfolio kannst du eigene besonders gelungene oder für dich wichtige Dinge, die das Französische betreffen, abheften. Vielleicht hast du bereits ein Portfolio angelegt, z. B. im Englischunterricht? Dann kannst du dieses verwenden und es mit den folgenden Französischseiten ergänzen.

Hier sind die drei wichtigen Teile deines Portfolios:

Meine Sprachenbiographie

In diesem Teil kannst du festhalten, welche Erfahrungen du beim Sprachenlernen bisher gemacht hast und noch machen wirst.
Dazu gehören z. B. die Informationen, die du auf Seite 4 deines *Cahier* gegeben hast.
An einigen Stellen in deinem *Cahier* hast du die Möglichkeit, deine Französischfortschritte selbst einzuschätzen. Diese Seiten heißen „**Das kann ich schon!**". Und, findest du diese Seiten in deinem Heft? Tipp: Sie haben einen gelben Hintergrund.

Auf folgenden Seiten kann ich meine Fortschritte einschätzen:

____

Mein Französisch-Dossier ♥

In diesem Dossier bewahrst du deine persönlichen „Erzeugnisse" in französischer Sprache auf: eigene Gedichte, Erzählungen, Songtexte und auch Ergebnisse der Projekte aus deinem Arbeitsbuch und deinem *Cahier d'activités,* wie z. B. Collagen, Bilder, Briefe, E-Mails, Steckbriefe, gelungene Dialoge.
In deinem *Cahier d'activités* sind die Dossier-Aufgaben mit einem Symbol ♡ gekennzeichnet.

Auf welchen Seiten des *Cahier* findest du die **ersten zwei** Herz-Symbole?

____

Wie viele Herz-Symbole findest du **insgesamt** in deinem *Cahier*?

____

Mein Sprachenpass

Der Sprachenpass ist – wie der Name schon sagt – etwas Offizielles: diese Art Bescheinigung kannst du vorlegen, wenn du dich um einen Ausbildungsplatz bewirbst oder in die Oberstufe wechselst.

Du kannst die Ergebnisse deiner „Das kann ich schon!"-Seiten jeweils im Poster des Eiffelturms am Ende des Cahier eintragen.
So erklimmst du Etage für Etage deinen eigenen Französisch-Turm.

Tout d'abord

1 A Paris …

03

2 Je m'appelle …

04

a *Hört zu und lest mit.*

Alice	Justine	Alexandre	Karim
Amélie	Lauriane	Alexis	Lucas
Amina	Léa	Arthur	Marc
Camille	Malika	Benoît	Mathieu
Céline	Manon	Clément	Maxime
Charlotte	Marine	Farid	Nicolas
Claire	Morgane	Florian	Pierre
Fatima	Naomie	Frédéric	Rémi
Isabelle	Sarah	Hugo	Théo
Julie	Zoé	Julien	Valentin

b *Sucht euch einen französischen Namen aus und spielt die Szene aus Activité 1 nach.*

3 Je m'appelle Charlotte!

Habt ihr euch einen französischen Namen aus Activité 2 ausgesucht?
Jetzt könnt ihr euer Namenschild basteln.
Auf der Zeichnung rechts seht ihr, wie das fertige Schild aussehen könnte.

1. Klebt eine Fotokopie der Seite auf Pappe.
2. Malt beide Hundebilder farbig aus.
3. Schneidet das Schild an den Rändern aus.
4. Schneidet entlang der Linien die Tiere grob aus.
5. Faltet das Namensschild an der gestrichelten Linie.
6. Schneidet den überstehenden Teil der Tiere aus.
7. Schreibt euren Namen hinter «Je m'appelle» (Ich heiße).

4 La famille Garnier

a *Hier ist ein Bild der Familie von Charlotte Garnier, die ihr im Schulbuch näher kennenlernen werdet. Charlotte stellt euch ihre Familie vor.*

b *Malt die Tiere an. Euer Lehrer/eure Lehrerin wird euch die Namen der Tiere vorlesen. Gebt jedem Tier einen sich reimenden Namen/Spitznamen.*

un lapin

un poisson

un hamster

une tortue

Riton Lulu Gabin Robert

c *Bastelt eine ähnliche Präsentation eurer Familie (mit Haustieren!) und heftet sie in euer Portfolio.*

05

5 L'alphabet

Achtet auf die Tiere. Die Elefanten zeigen euch, welche Buchstaben anders als im Deutschen ausgesprochen werden. Hört euch das Lied zweimal an. Beim dritten Mal könnt ihr mitsingen und natürlich die Tiere anmalen!

Chanson: a, b, c

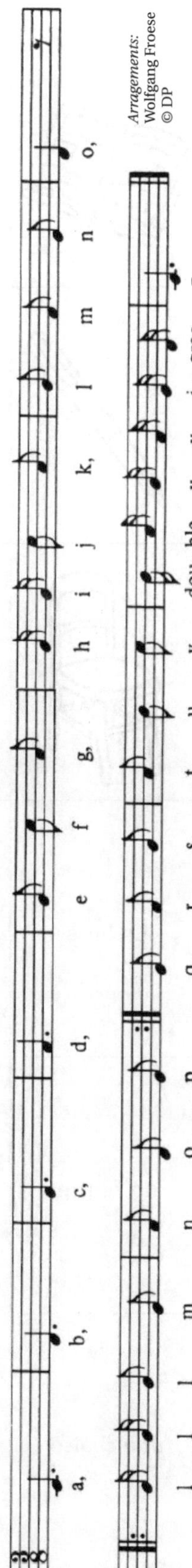

6 En classe – Memory

06

1. Hört euch die Namen der Gegenstände an und wiederholt sie.
2. Klebt eine Fotokopie der Seite auf Pappe.
3. Malt die Zeichnungen farbig aus.
4. Schneidet die einzelnen Teile aus.
5. Spielt mit einem oder zwei Nachbarn Memory.

	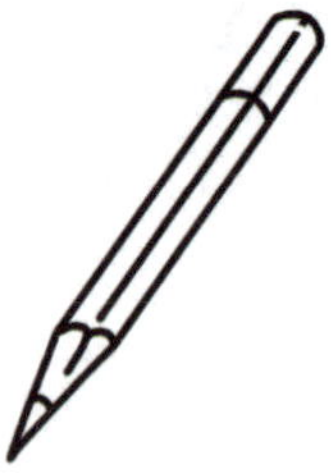				
	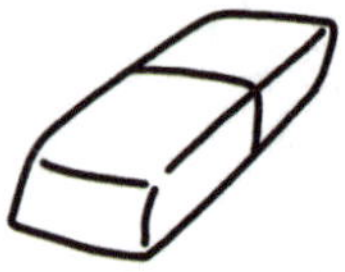				
		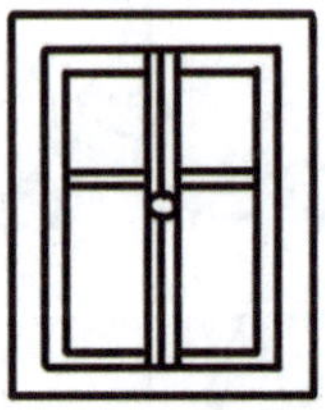			
un livre	un crayon	un cahier	un stylo	un classeur	une trousse
un feutre	une gomme	un sac à dos	un tableau	un ordinateur	un professeur
une chaise	une table	une fenêtre	une porte	un garçon	une fille

7 La France – Puzzle

1. *Schneidet die einzelnen Teile aus und legt sie so zusammen, dass eine Frankreichkarte entsteht. Nehmt die Karte vorne in eurem Schülerbuch zu Hilfe.*
2. *Klebt eure Karte auf ein Blatt Papier.*
3. *Malt die Karte farbig aus. Wählt drei Sehenswürdigkeiten und drei Symbole für französische Spezialitäten aus, die auf der Karte vorne im Schülerbuch zu sehen sind und zeichnet sie auf eure Karte.*

♡ *Das Blatt könnt ihr in eurem Portfolio abheften.*

8 Le rap des nombres *(Der Zahlenrap)*

07
08

a *Hört euch das Lied zweimal an und lest (oder rappt!) zu zweit.*

1, 2, 3,

Là, c'est moi!

4, 5, 6,

C'est Alice.

7 et 8,

C'est Marguerite.

9 et 10,

C'est Fabrice!

b *Ihr könnt einen ähnlichen Rap erstellen. Schaut euch die französischen Namen (auf Seite 6) an und los geht's!*

9 Le serpent des nombres *(Die Zahlenschlange)*

a *Trennt die Zahlen voneinander.*

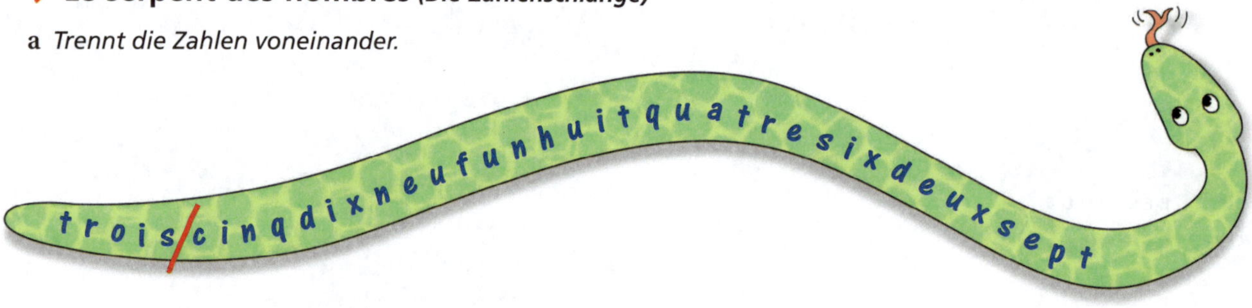

b *Schreibt die Zahlen in der richtigen Reihenfolge von eins bis zehn.*

1 = □□	6 = □□□
2 = □□□□	7 = □□□□
3 = t r o i s	8 = □□□□
4 = □□□□□□	9 = □□□□
5 = □□□□	10 = □□□

09

10 Bingo!

a *Ergänzt die Tabellen mit anderen Zahlen zwischen 1 und 10.*
Hört euch die CD an und kreuzt die genannten Zahlen an.
Habt ihr drei Zahlen in einer Reihe? Bingo!

A

1	3	
		5

B

2		
10	4	

C

7	9	
	6	

b *Ergänzt die Tabellen mit Zahlen zwischen 1 und 10. Zu dritt oder mehr, wählt einen Spielleiter, der Zahlen zwischen 1 und 10 nennt, und spielt Bingo.*

LEÇON 1

atelier

In Satz 5 müsst ihr alle Sonderzeichen [-] [?] [’] [.] schreiben!

1 Qui est-ce? *(G 1, 2) → nach SB Ü 2, S. 10*

a *Posez des questions et répondez.*
(Stellt Fragen und antwortet.)

1. – Qui est-ce?

C'est Minette.

2. – Qui ☐☐☐ -ce?

C'est ☐☐☐☐☐☐☐☐☐☐[.]

3. – Qui est - ☐☐ ?

☐[’]☐☐☐ ☐☐☐☐☐☐☐[.]

4. – ☐☐☐ est-ce?

☐[’]☐☐☐ ☐☐☐☐☐☐☐[.]

5. – ☐☐☐ ☐☐☐☐☐☐☐

☐☐☐☐☐ ☐☐☐☐

S 10 **b** *Ecoutez et contrôlez vos solutions. (Hört genau zu und kontrolliert eure Lösungen.)*

c *Collez une photo d'un copain ou d'une copine et présentez-le/la. (Klebt ein Bild eines Freundes/einer Freundin auf und stellt ihn/sie vor.)*

– ☐☐☐ ☐☐☐☐☐☐[?]

– ☐☐☐☐☐ ________________ [.]

2 Salut! Ça va? → *nach SB Ü 4, S. 12*

a *Regardez les images et complétez. (Schaut euch die Bilder genau an und ergänzt die Dialoge.)*

b *Die Wörter eines Dialogs zwischen Charlotte und Amélie sind durcheinander geraten. Schreibt sie an die richtigen Stellen.*

Charlotte: Salut, ______________!

Amélie: ______________, Charlotte! ______________ va?

Charlotte: ______________, ça ______________. Et ______________?

Amélie: ______________ ______________. Merci.

c *Lisez les dialogues de* **a** *et* **b**. *Puis, jouez-les. (Lest die Dialoge von* **a** *und* **b** *und spielt sie.)*

1

3 Ecoutez! *(Hört zu!)* → *nach SB Ü 4, S. 12*

11

a *Ecoutez les dialogues et mettez les phrases dans le bon ordre. Numérotez-les de 1 à 9.*
(Hört die Dialoge von der CD und bringt die Sätze in die richtige Reihenfolge. Nummeriert sie von 1 bis 9.)

- ☐ – Bonjour, Marie!
- ☐ – Salut, Théo!
- ☐ – Au revoir, monsieur!
- ☐ – Salut, Fatima!
- 1 – Salut, Rémi! Ça va?
- ☐ – Au revoir, Lucas!
- ☐ – Ça va, merci.
- ☐ – Bonjour, madame!
- ☐ – Oui, ça va. Et toi?

b *Ecrivez les dialogues, contrôlez avec le CD. (Schreibt die Dialoge und kontrolliert mithilfe der CD.)*

Dialogue 1

1 – Salut, Rémi! Ça va?
2 ____________
3 ____________

Dialogue 2

4 ____________
5 ____________

Dialogue 3

6 ____________
7 ____________

Dialogue 4

8 ____________
9 ____________

c *Jouez les dialogues. (Spielt die Dialoge.)*

4 stratégie Mon fichier *(Mein Karteikasten)* → *nach SB Ü 5, S. 12*

In jeder Lektion gibt es einen *On dit*-Kasten mit wichtigen Redewendungen.
Am besten schreibt ihr sie auf Karteikarten und sammelt sie nach Themen in einem passenden Pappkarton:
Dann habt ihr sie immer zum Lernen zur Hand.

jdn. begrüßen
Salut!

sich verabschieden

Schneidet aus Zeitschriften oder Prospekten französische Wörter und Bilder aus und klebt sie auf den Karton.
Jetzt sieht euer Karteikasten richtig französisch aus!

VOC **5 Zut!** *(G 3) → nach SB Ü 6, S. 12*

*Schreibt die Wörter, die ihr in der Zeichnung erkennt, mit dem passenden Artikel (**un** oder **une**) auf. Malt dann in der Zeichnung blau an, was im Französischen männlich ist und rot, was weiblich ist.*

1. ______________________________
2. ______________________________
3. ______________________________
4. ______________________________
5. ______________________________

6 Léo est un poulet?! *(G 3) → nach SB Ü 6, S. 12*

Trouvez les phrases correctes (Findet die richtigen Sätze), puis écrivez.

1. C'est		chien.
2. Amélie est	un	copine de Charlotte.
3. Kiki est		poulet.
4. Léo est	une	quiche.
5. Voilà		copain de Kiki.

1. C'est un poulet.
2. ______________________________
3. ______________________________
4. ______________________________
5. ______________________________

7 Les sons (Die Laute) → nach SB Ü 7, S. 12

a *Lest die Wörter leise vor.*
Welche Laute erkennt ihr?
Schreibt die Wörter in die passende Spalte.

Marine voilà toi chien ~~moi~~ Céline ouah, ouah un Julie bonjour

[wa] wie in «moi»	[ʒ] wie in «je»	[ɛ̃] wie in «copain»	[in] wie in «copine»
moi			

12 **b** *Ecoutez le CD et contrôlez vos solutions.*
(Hört die Wörter von der CD und überprüft eure Lösungen.)

8 Kiki, Rémi, Julie → nach SB Ü 7, S. 12

13 **a** *Ecoutez le CD. Puis, répétez les rimes.*
(Tragt dann die Reime vor.)

Salut, Léo! Salut, Kiki!
Ouah, ouah, Rémi! Ouah, ouah, Julie!

Bonjour, Léa, ça va?
Ça va. Et toi, Sarah?

b *Regardez les noms (Schaut euch die Namen an)*
et complétez les rimes.
Puis, lisez et répétez les rimes.

1. Voilà Malika et Fatima.
– Ça va, Fatima ____?
– Ça va, ____!

2. – Salut! Comment tu t'appelles?
– Je m'appelle ____. Et toi?
– Moi, je ____.

3. – Au revoir, Céline ____!
– Au revoir, ____!

4. – Ça va, ____?
– Ça va! Merci!

Malika ~~Fatima~~ Rémi Léo Théo Marine Naomie Benoît Sarah Isabelle Amina Julie

△ 9 En français *(Auf Französisch)*: Kiki et M. Renaud → *nach SB Ü 7, S. 12*

Auf der Straße trefft ihr Herrn Renaud mit seinem Hund.

a *Reliez. (Verbindet, so dass sich ein Gespräch ergibt. Die linke Spalte ist in der richtigen Reihenfolge.) Findet zu den deutschen Sätzen die französische Entsprechung.*

1. Charlotte stellt dir Herrn Renaud und seinen Hund, Kiki, vor.
2. Ihr begrüßt Herrn Renaud.
3. Herr Renaud grüßt und fragt wie du heißt.
4. Du sagst, wie du heißt.
5. Herr Renaud sagt, dass Kiki eine Freundin von Léo ist.
6. Ihr verabschiedet euch von Herrn Renaud.
7. Herr Renaud verabschiedet sich von euch.

- a) Kiki est une copine de Léo.
- b) Au revoir, monsieur.
- c) Voilà monsieur Renaud avec Kiki.
- d) Bonjour. Comment tu t'appelles?
- e) Au revoir Charlotte, Léo et ______________.
- f) Bonjour, monsieur.
- g) Je m'appelle ______________.

b *Ecrivez le dialogue dans votre cahier et jouez-le. (Schreibt den Dialog in euer Heft und spielt ihn.)*

1 VOC **10 Mots cachés** → *an beliebiger Stelle*

a *Complétez les phrases et trouvez les mots dans la grille. (Vervollständigt die Sätze. Findet die acht Wörter, die in diesem Gitternetz waagerecht und senkrecht versteckt sind.)*

1. Léo est un **CHIEN**.

2. Léo est un **C** _ _ _ _ **N** de Kiki.
3. Amélie est une **C** _ _ _ _ **E** de Charlotte.
4. Voilà une **Q** _ _ _ _ **E** pour Léo.

5. Et voilà un **P** _ _ _ _ **T** pour Kiki.

6. oui ≠ _ _ _.
7. **B**_ _ _ _ _ _, monsieur!
8. **S**_ _ _ _, Pierre!

G	R	C	I	C	P	C	A
C	H	I	E	N	O	O	F
R	A	O	M	O	U	P	Q
N	B	O	P	N	L	A	U
S	A	L	U	T	E	I	I
M	B	V	U	C	T	N	C
B	O	N	J	O	U	R	H
A	C	O	P	I	N	E	E

b *Schreibt vier lustige Sätze auf ein Blatt, in denen Wörter aus diesem Gitter vorkommen. Malt kleine Bilder dazu. Heftet das Blatt in eurem Portfolio ab.*

auto-contrôle

1 Qu'est-ce qu'on dit en français? *(Wie sagt man das auf Französisch?)*

Du lernst französische Jugendliche kennen.

1. – Hallo! ____________________

– Guten Tag! ____________________
Wie heißt du? ____________________

2. – Ich heiße … ____________________
____

____

3. – Wer ist das? ____________________

– Das ist Kiki. ____________________
Und da ist Léo. ____________________

4. – Wie geht's? ____________________

– Danke, gut! ____________________

5. – Tschüs! ____________________

– Auf Wiedersehen! ____________________

2 un/une *(G 3)*

Complétez.

1. Léo est ________ chien. 2. Pierre est ________ copain, et Amélie est ________ copine.

3. Voilà ________ poulet et ________ quiche.

LEÇON 2

d'abord

1 Un ou une? *(G 3) → nach d'abord, S. 14*

a *Entourez les objets masculins en bleu, les objets féminins en rouge.*
(Kreist die auf Französisch männlichen Gegenstände blau, die weiblichen rot ein.)

b *Ecrivez les noms avec **un** ou **une** dans le bon sac. (Schreibt die Gegenstände mit **un** oder **une** in den richtigen Rucksack.)*

un plan ______________________
____
____
____

une casquette ______________________
____
____
____

2 La BD de Charlotte *(G 3, 4) → nach d'abord, S. 14*

a *Complétez. (Ergänzt.) Schreibt die männlichen Namen der Gegenstände in Blau und die weiblichen Namen der Gegenstände in Rot.*

 1. Voilà une BD ______________.  C'est la BD de Charlotte ______________.

 2. Voilà ______________.  C'est ______________.

 3. ______________.  ______________.

 4. ______________.  ______________.

 5. ______________.  ______________.

 6. ______________.  ______________.

2 (CD 14)

b *Ecoutez le CD et contrôlez vos solutions. (Hört die CD an und kontrolliert eure Lösungen.)*

c *Regardez dans la classe. Dessinez et écrivez 4 phrases sur le modèle de* **a**. *(Schaut euch im Klassenzimmer um und schreibt vier ähnliche Sätze über die Sachen eurer Mitschüler.)*

atelier A

VOC 3 Dans le quartier Gambetta → *nach SB Ü 1, S. 15*

Trouvez les mots. (Findet die Wörter mithilfe der Zeichnungen. Verbindet Wort und Zeichnung je nach Geschlecht des Wortes mit einer blauen Linie (= männliche Wörter), bzw. mit einer roten Linie (= weibliche Wörter). Tragt die Wörter mit un bzw. une ein.)

1. eur — une rue
2. nateg ____________
3. harsépermuc ____________
4. olecé ____________
5. tôlihap ____________

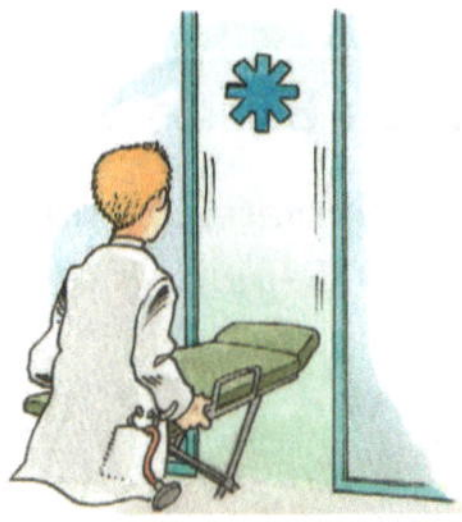

▽ 4 Trouvez l'intrus! *(Findet den Eindringling!)* → *an beliebiger Stelle*

a *Schreibt* **un** *in Blau vor männliche Nomen und* **une** *in Rot vor weibliche Nomen.*

une ______ orange	______ baguette	______ pull	______ copain
______ banane	______ école	______ casquette	______ copine
______ BD	______ rue	______ sac	______ chien
______ quiche	______ quartier	______ agent	______ hôpital

b *Überprüft eure Lösungen anhand der* ***Liste des mots*** *im Schülerbuch, S. 156.*

c *In jeder Spalte gibt es ein Nomen, das nicht zu demselben Thema gehört. Welches? Streicht es weg.*

5 Le quartier, la banane et l'orange *(G 4) → nach SB Ü 3, S. 16*

*Schreibt die Wörter aus Übung 4 mit **le**, **la** oder **l'**.*

Vor einem Nomen, das mit **Vokal** oder stummem ***h*** beginnt, werden le und la zu l' verkürzt.
une orange → l'orange

le	la	l'/l'
le quartier	la banane	l'orange

▽ 6 Il y a …? C'est où? *→ nach SB Ü 4, S. 16*

Ihr seid in Paris und sucht einen Supermarkt. Eine nette Dame hilft euch.

a *Reliez. (Lest die Sätze in beiden Spalten durch. Mit welchen Sätzen könnte die Dame euch helfen? Verbindet die passenden Sätze zusammen. Achtung: Drei Sätze in der rechten Spalte bleiben übrig.)*

1. – Bonjour, madame. Il y a un supermarché dans le quartier?
2. – Euh … C'est où sur le plan?
3. – Ah, merci! Au revoir, madame!

a. – Ça va, merci. Et toi?
b. – Oui, c'est Kiki, une copine de Léo.
c. – Oui, il y a un supermarché dans la rue de la Chine.
d. – Sur le plan? Là, c'est l'hôpital et là, c'est le supermarché.
e. – Oui, il y a un hôpital.
f. – Au revoir!

15 **b** *Ecoutez le CD et contrôlez vos solutions. (Hört euch die CD an und überprüft eure Lösungen.)*

c *Ecrivez le dialogue dans vos cahiers et présentez-le avec un partenaire. (Schreibt den Dialog in eure Hefte und präsentiert ihn mit einem Partner/einer Partnerin.)*

2

△ **7 Malika et David à Paris** → *nach SB Ü 4, S. 16*

Malika und David sind im *Quartier Gambetta* und suchen eine Bäckerei *(une boulangerie*[1]*)*.
Ein Mann hilft ihnen.

où | ~~dans le~~ | il y a | dans la | il y a | dans le

a *Voilà Malika, David et un monsieur* dans le *quartier Gambetta.*

Malika: Bonjour, monsieur! ______________ une boulangerie ______________ quartier?

Monsieur: Oui, ______________ une boulangerie ______________ rue Belgrand[2].

David: La rue Belgrand, c'est ______________ sur le plan?

Monsieur: Là, c'est la rue de la Chine, et là, c'est la rue Belgrand.

Malika: Merci! Au revoir, monsieur!

David: Au revoir, monsieur!

Monsieur: Au revoir!

S 16 **b** *Hört euch die CD an und kontrolliert eure Lösungen.*

c *Schreibt einen ähnlichen Dialog und übt ihn zu dritt.*

8 A Paris, il y a … *(G 3, 4)* → *nach Ü 5, S. 16*

a *Verwendet die Wörter im Einkaufskorb der Reihe nach und ergänzt die Sätze.*

1. A Paris, il y a **un** quartier.
2. Dans **le** quartier Gambetta, il y a ______________.
3. Dans **la** rue ______________, ______________.
4. Dans ______________.
5. Dans ______________.
6. Qui est-ce? C'est ______________!

♡ **c** *Schreibt auf ein Blatt sechs ähnliche Sätze, die z. B. euren Stadtteil beschreiben. Heftet das Blatt in eurem Portfolio ab.*

---
1 **une boulangerie** [ynbulɑ̃ʒʀi] eine Bäckerei 2 **la rue Belgrand** [laʀybɛlgʀɑ̃] eine Straße im Quartier Gambetta

atelier B

9 Tu es super! *(G 5) → zu SB Ü 2 und 3, S. 18*

a *Ecrivez les formes du verbe **être**. Cherchez les formes dans la grille. (Schreibt die Formen des Verbs **être**. Sucht und kreist die Formen im Buchstabengitter ein.)*

Infinitiv: ______________________________

je ______________________________

tu ______________________________

il / elle / on / c' ______________________________

nous ______________________________

vous ______________________________

ils / elles ______________________________

S	O	M	M	E	S	P	U
I	N	R	D	F	T	Ê	O
S	U	I	S	P	I	T	P
E	R	F	Z	S	Q	E	L
S	S	E	S	T	S	S	N
O	O	Ê	J	C	A	W	M
N	N	R	I	Ê	T	R	E
T	E	S	H	P	D	B	V

b *Complétez avec les formes du verbe **être**. (Ergänzt mit den Formen von **être**.)*

Voilà Johanna et Paula dans un parc à Paris. Mathieu et Anne ______________________ aussi là.

Léa à Johanna et Paula: Bonjour, je m'appelle Léa, je ______________________ de Paris.

Et vous, vous ______________________ d'où?

Johanna: Nous ______________________ de Dusseldorf.

Léa: Et voilà Mathieu. C' ______________________ un copain.

Paula à Mathieu: Tu ______________________ aussi de Paris?

Mathieu: Oui, je ______________________ de Paris.

10 C'est qui? *(G 5) → nach Ü 3, S. 18*

a *Kathrin hat Fotos ihrer Pariser Freunde gemacht. Sie schickt die Fotos mit einer E-Mail einer anderen französischen Freundin, ist aber dabei plötzlich unsicher, ob sie **il**, **elle**, **ils** oder **elles** benutzen soll. Helft ihr!*

Voilà Charlotte. Elle est de Paris. Elle est sympa.

1. C'est Amélie. C'est une copine de Charlotte. ______________________ est aussi sympa.
2. Voilà Pierre. C'est un copain de Charlotte. ______________________ est dans le parc Debrousse.
3. Là, c'est Farid. C'est aussi un copain de Charlotte. ______________________ est cool.
4. Là, il y a Silke, Charlotte et Amélie. ______________________ sont dans un supermarché.
5. Voilà Farid et Pierre. ______________________ sont dans le parc.
6. Et là, il y a Farid et Silke. ______________________ font un match.

11 Dans le parc Debrousse. *(G 5) → nach Ü 3, SB S. 18*

*Kreist die passende Form des Verbs **être** ein.*

Silke et Kathrin sont / est / être dans le parc Debrousse.

Pierre et Charlotte est / sont / êtes là aussi. Ils est / sont / es avec Léo.

Charlotte à Silke et Kathrin: Bonjour, je m'appelle Charlotte et je sommes / suis / es de Paris.

Et vous, vous êtes / est / es d'où?

Silke: Nous êtes / est / sommes de Berlin.

Charlotte: Et voilà Pierre. C'es / est / êtes un copain.

Kathrin: Tu est / es / êtes aussi de Paris?

Pierre: Oui, je sont / es / suis de Paris.

Monsieur Renaud kommt.

Pierre: Ah, bonjour, M. Renaud. Vous êtes / est / es avec Kiki?

M. Renaud: Oui, je suis / sommes / êtes avec Kiki. Elle es / est/ sont dans le sac.

Charlotte à Silke et Kathrin: Kiki est / es / êtes la copine de Léo.

Kathrin: Et le garçon, là, avec la casquette, c' sont / est / es qui?

Pierre: C' sont / est / es Farid. Il est /es / sont sympa.

VOC

12 Gagné! *→ an beliebiger Stelle*

Complétez.

1. Dans le quartier Gambetta, il y a une ? .
2. Monsieur Renaud est dans le ? Casino.
3. Dans le sac de Kathrin, il y a une ? .
4. Dans le sac de Silke, il y a une ? .
5. Farid est le garçon avec la ? .
6. Amélie est une copine de Charlotte. Elle est ? .
7. Farid est le ? de Pierre.
8. Léo est un ? .
9. «On fait un ? ?»

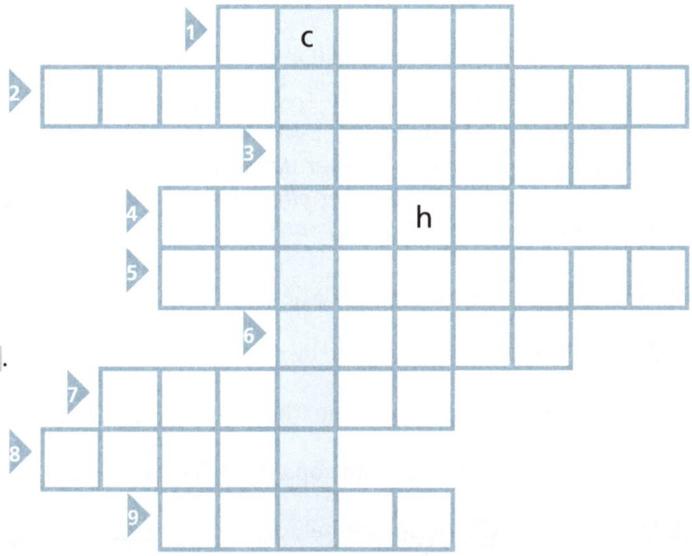

Die blaue Spalte ergibt das Lösungswort: etwas, das man in Frankreich gern zum Frühstück isst.

C'est un ______________________ .

13 Tu es d'où? *(G 5) → nach SB Ü 4, S. 19*

a *Complétez le dialogue 2.*

1.

– Je m'appelle Marc. Et toi?

– Je suis Nicolas.

– Tu es d'où?

– Je suis de Toulouse. Et toi?

– Je suis de Brest.

2.

– Je m'appelle Naomie. Et toi?

– Je ______ Florian.

– Tu ______ d' ______?

– Je ______ de Bonn. Et ______?

– Je ______ Calais.

17 **b** *Ecoutez le CD et contrôlez vos solutions.*

c *Choisissez deux autres villes sur la carte de France. Complétez le dialogue 3. Puis, jouez le dialogue. (Sucht euch zwei andere Städte auf der Frankreichkarte aus. Ergänzt Dialog 3 und spielt den Dialog zu zweit. Die anderen Schüler versuchen, eure Städte auf der Karte zu lokalisieren.)*

3.

– Je ______?

– Je ______.

– Tu ______?

– Je ______?

– Je ______.

Brest[1], Calais, Toulouse …
Wo liegen diese Städte eigentlich?
Sieh mal auf der Karte vorne im Schülerbuch nach!

14 Le dé du verbe *être* *→ an beliebiger Stelle*

*Nehmt einen Würfel und spielt zu dritt. Partner A würfelt, B bildet einen Satz mit dem gewürfelten Pronomen (je/tu …) und dem Verb **être**. Partner C darf den Grammatikteil (G 5) aufschlagen und – wenn nötig – korrigieren. Nach jedem Durchgang wird gewechselt.)*

je | tu | il / elle / on | nous | vous | ils / elles

1 **Brest** [bʀɛst], französische Stadt

15 Nicolas est de Brest. *(G 5) → nach SB Ü 4, S. 19*

Findet jeweils das passende Satzende und die richtige Form von ***être*** *und schreibt die Sätze auf.*

1. Silke et Farid
2. Claire, Julien et Nicolas
3. Silke: «Vous
4. Claire: «Julien et moi, nous
5. Et voilà Nicolas. Il
6. Farid: «Moi, je
7. Julien à Silke:[1] «Et toi, tu
8. Silke: «Non. Je

- d'où?»
- de Paris.»
- de Berlin.»
- aussi de Paris?»
- là aussi.
- de Rennes.
- à Montmartre.
- de Brest. Et vous?»

1. Silke et Farid sont à Montmartre.
2. ______________________________
3. ______________________________
4. ______________________________
5. ______________________________
6. ______________________________
7. ______________________________
8. ______________________________

1 **Julien à Silke** Julien (sagt) zu Silke

16 Ils sont où? → an beliebiger Stelle

Lest zuerst die Vorschläge. Ihr werdet drei Dialoge hören, kreuzt die richtige Antwort an.

18

Dialogue 1	1. Farid est dans	2. Farid est avec
	☐ le supermarché Casino. ☐ le parc Debrousse. ☐ l'hôpital Tenon.	☐ Charlotte. ☐ Léo. ☐ Pierre.
Dialogue 2	3. Silke et Kathrin sont dans	4. L'hôpital Tenon est dans
	☐ la rue de la Chine. ☐ la rue Belgrand. ☐ la rue Orfila.	☐ la rue Orfila. ☐ la rue de la Chine. ☐ la rue de Bagnolet.
Dialogue 3	5. Monsieur Renaud est dans	6. Dans le sac de Monsieur Renaud, il y a
	☐ un supermarché. ☐ un hôpital. ☐ une école.	☐ une pizza et une baguette. ☐ un poulet et une baguette. ☐ un poulet et une quiche.

17 stratégie Vokabeln lernen → an beliebiger Stelle

Ihr benötigt einen Karteikasten mit fünf Fächern. Nehmt für jedes Wort ein Kärtchen. Schreibt das französische Wort auf die Vorder- und die deutsche Entsprechung auf die Rückseite.
Alle Vokabelkärtchen kommen in das vorderste Fach.
Wiederholt jeden Tag die Wörter.
Die Wörter die ihr gut könnt, steckt ihr in das nächste Fach. Arbeitet so weiter, bis ihr alle Kärtchen in dem letzten Fach habt.

18 Qu'est-ce que c'est en français? *(G 6) → nach SB Ü 5, S. 19*

a *Florian und seine französische Freundin Naomie stehen in Paris vor dem Schaufenster einer Bäckerei. Wie heißen die leckeren Sachen auf Französisch?*

une baguette — un croissant — une quiche — une brioche

1 un pain au chocolat

2 ______________________

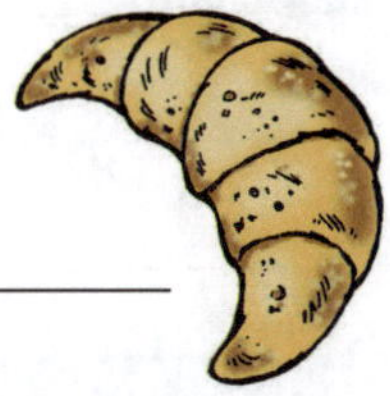

3 ______________________

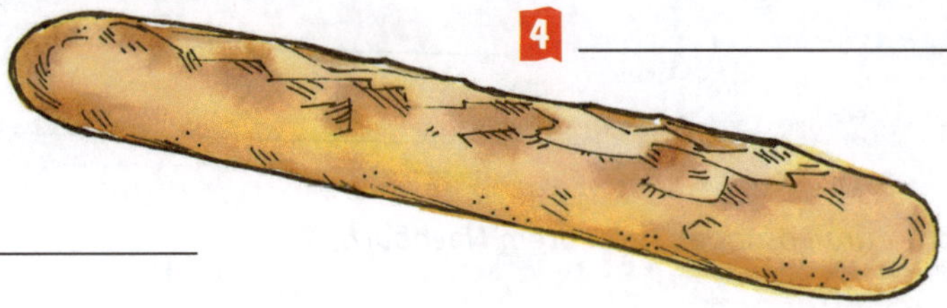

4 ______________________

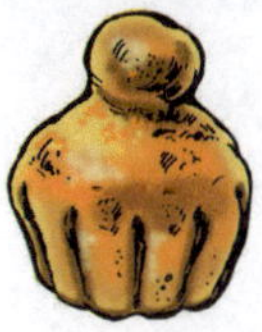

5 ______________________

2 b *Ecoutez le dialogue deux fois et complétez.*

19

Dans une boulangerie *(In einer Bäckerei)*

Florian:	*Naomie:*
1. – Ça, c'est ______________________!	– Oui, ______________________.
2. – Hmm. Et ça, c'est ______________________!	– Oui, c'est ______________________.
3. – Et ça, ______________________?	– C'est ______________________.
4. – Et ça, là? ______________________?	– C'est ______________________.
5. – Ah, ça, c'est ______________________!	– Oui, bravo Florian! C'est ______________________!

c – *Welches von diesen französischen Produkten habt ihr schon einmal probiert?*
– *Vergleicht diese typischen französischen Backwaren mit den Produkten, die in einer deutschen Bäckerei verkauft werden.*
– *Welche Unterschiede stellt ihr fest?*
– *Welche französischen Produkte kann man auch in einer deutschen Bäckerei kaufen? Wie werden sie dort genannt?*

19 Jeu de sons → *an beliebiger Stelle*

20

a *Hört die Wörter zuerst auf CD an und wiederholt sie. Kreuzt diejenigen an, die mindestens einen Nasalvokal enthalten.*

1. ☐ dans	5. ☐ copain	9. ☐ chambre	13. ☐ comment
2. ☐ en français	6. ☐ baguette	10. ☐ Salut!	14. ☐ chien
3. ☐ garçon	7. ☐ agent	11. ☐ casquette	15. ☐ d'accord
4. ☐ orange	8. ☐ Montmartre	12. ☐ Bonjour!	16. ☐ sympa

b *Sprecht die angekreuzten Wörter leise aus und schreibt die Wörter, die ihr angekreuzt habt, in die richtige Spalte. Bei den Nomen ergänzt mit* **un** *oder* **une**.

[õ]	[ã]	[ɛ̃]
un garçon	dans	un copain
______	______	______
______	______	______
	______	
	______	
	______	

c *Vergleicht eure Lösungen mit eurem Nachbarn.*

20 En français: Dans le parc Debrousse → *nach SB Ü 6, S. 19*

a *Ecrivez le dialogue.*

(Du bist in Paris und machst gerade eine Pause im Parc Debrousse. Ein französisches Mädchen setzt sich neben dich und spricht dich an.)

1. Das Mädchen fragt, wie du heißt.	1. – ____________________?
2. Du sagst deinen Namen.	2. – Je ____________________.
3. Das Mädchen sagt, dass es Marine heißt.	3. – Moi, ____________________.
4. Das Mädchen fragt, woher du kommst.	4. ____________________?
5. Du nennst deinen Wohnort.	5. – Je ____________________.

(Marine packt eine Art Kuchen aus, der lecker aussieht.)

6. Du fragst, wie das auf Französisch heißt.	6. – ____________________ ____________________?
7. Marine sagt, dass es eine Quiche ist.	7. – ____________________.

(Nun hast du auch Appetit auf ein Stück Quiche bekommen ...)

8. Du fragst Marine, wo der Supermarkt *Casino* ist.	8. – C'est où, ____________________ ____________________?
9. Marine antwortet, dass der *Casino* in der *rue de la Chine* ist.	9. – Le ____________________ ____________________.
10. Du bedankst dich und verabschiedest dich von Marine.	10. – ____________________.
11. Marine verabschiedet sich von dir.	11. – ____________________.

b *Spielt den Dialog mit eurer Nachbarin bzw. eurem Nachbarn nach: Lest zuerst abwechselnd. Dann lernt jeder seine Rolle auswendig.*

△ **c** *Schreibt mit eurer Nachbarin/eurem Nachbarn einen ähnlichen Dialog. Ihr könnt z. B. anstelle von Marine einen französischen Jungen nehmen, statt der* quiche *ein* poulet, *…*

2

auto-contrôle

1 un, une / le, la, l' *(G 3, 4)*

Complétez.

1. Voilà ______ casquette. C'est ______ casquette de Farid.
2. Voilà ______ sac. C'est ______ sac de Kathrin.
3. Voilà ______ plan. C'est ______ plan de Silke.
4. Voilà ______ école. C'est ______ école de Charlotte.

2 Vocabulaire *(Wortschatz)*

Ecrivez les mots avec **un** *ou* **une**.

1. ______________________________
2. ______________________________
3. ______________________________
4. ______________________________
5. ______________________________
6. ______________________________

3 Le verbe *être* *(G 5)*

Complétez.

1. Je ____________ à Paris.
2. Silke, tu ____________ de Berlin, non?
3. Charlotte ____________ la copine d'Amélie.
4. Nous ________________ dans le quartier Gambetta.
5. Vous ______________ aussi à Paris?
6. Pierre et Farid __________________ dans le parc Debrousse.

4 Qu'est-ce qu'on dit en français?

1. Gibt es einen Supermarkt in dem Stadtviertel? ____

____
2. Wo ist die Schule auf dem Plan? ____
3. Die Schule ist da. ____
4. Was ist das? Ein Krankenhaus? ____
5. Einverstanden. ____
6. Gewonnen! Das ist cool! ____

LEÇON 3

d'abord

1 On cherche et on trouve. *(G 7)* → *nach d'abord, S. 22*

a *Complétez les formes de **chercher** et **trouver**.*
*(Ergänzt die Formen von **chercher** und **trouver**.)*

Ein Verb besteht aus einem Stamm und einer Endung:
chercher = cherch + er
Infinitiv = Stamm + Endung

cherch*er* – *suchen*

je	cherche
tu	cherch_______
il/elle/on	cherch_______
nous	cherch_______
vous	cherch_______
ils/elles	cherch_______

trouv_______ – *finden*

je	trouv_______
tu	trouv_______
il/elle/on	trouv_______
nous	trouv_______
vous	trouv_______
ils/elles	trouv_______

b *Regardez page 98, G 7 dans votre livre et contrôlez vos solutions. (Schaut auf Seite 98, G 7 in eurem Schülerbuch und kontrolliert eure Lösungen.)*

c *Complétez avec les formes de **chercher** et **trouver**.*

1. Je _______________ un CD.
2. Tu _______________ une BD?
3. Non, il _______________ un CD de rap.
4. Vous _______________ l'école Gambetta?
5. Non, nous _______________ un supermarché.
6. Farid et Pierre _______________ un cadeau pour Charlotte.

S 21 **d** *Hört die CD und achtet bei jeder Verbform darauf, welche Teile ihr hören könnt und welche nicht. Markiert die Teile, die ihr hört.*

e **stratégie** **Mon fichier de verbes** → *G 7*

Mit Karteikarten könnt ihr die Verben gut lernen.
Schreibt die Verben auf ***-er*** auf weiße Karteikarten, so wie oben. Für die unregelmäßigen Verben wie *être* nehmt rote Karten.
Legt am besten ab jetzt für jedes neue Verb eine Karte an!

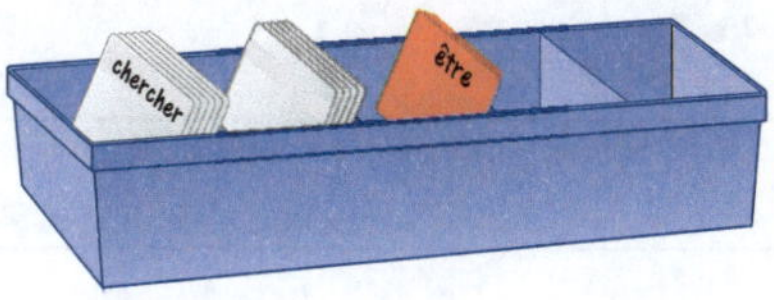

2 Un, deux, trois … *(G 9)* → *nach d'abord, S. 22*

Trouvez les nombres et complétez.

3 Domi-nombres *(G 9) (Bastelbogen I)* → *nach d'abord, S. 22*

4 … quatre, cinq, six *(G 9)* → *nach d'abord, S. 22*

a *In jeder Spalte ist eine Zahl der Zahlenfolge falsch. Welche? Kreist sie ein.*

1	2	3	4
deux	un	cinq	douze
quatre	trois	dix	treize
sept	cinq	seize	seize
huit	huit	vingt	dix-huit

b *Korrigiert in jeder Spalte die falsche Zahl. Schreibt dann die richtigen Zahlenfolgen auf.*

5 L'appartement de Charlotte → *vor atelier A*

S 22 **a** *Léo und Kiki haben mit den Schildern gespielt und rundherum verteilt. Hört euch die CD an und bringt die Schilder an den richtigen Platz.*

la cuisine | les toilettes | le couloir | la salle de bains | la douche

la chambre de papa et de maman | la chambre de Charlotte | la chambre de Julie

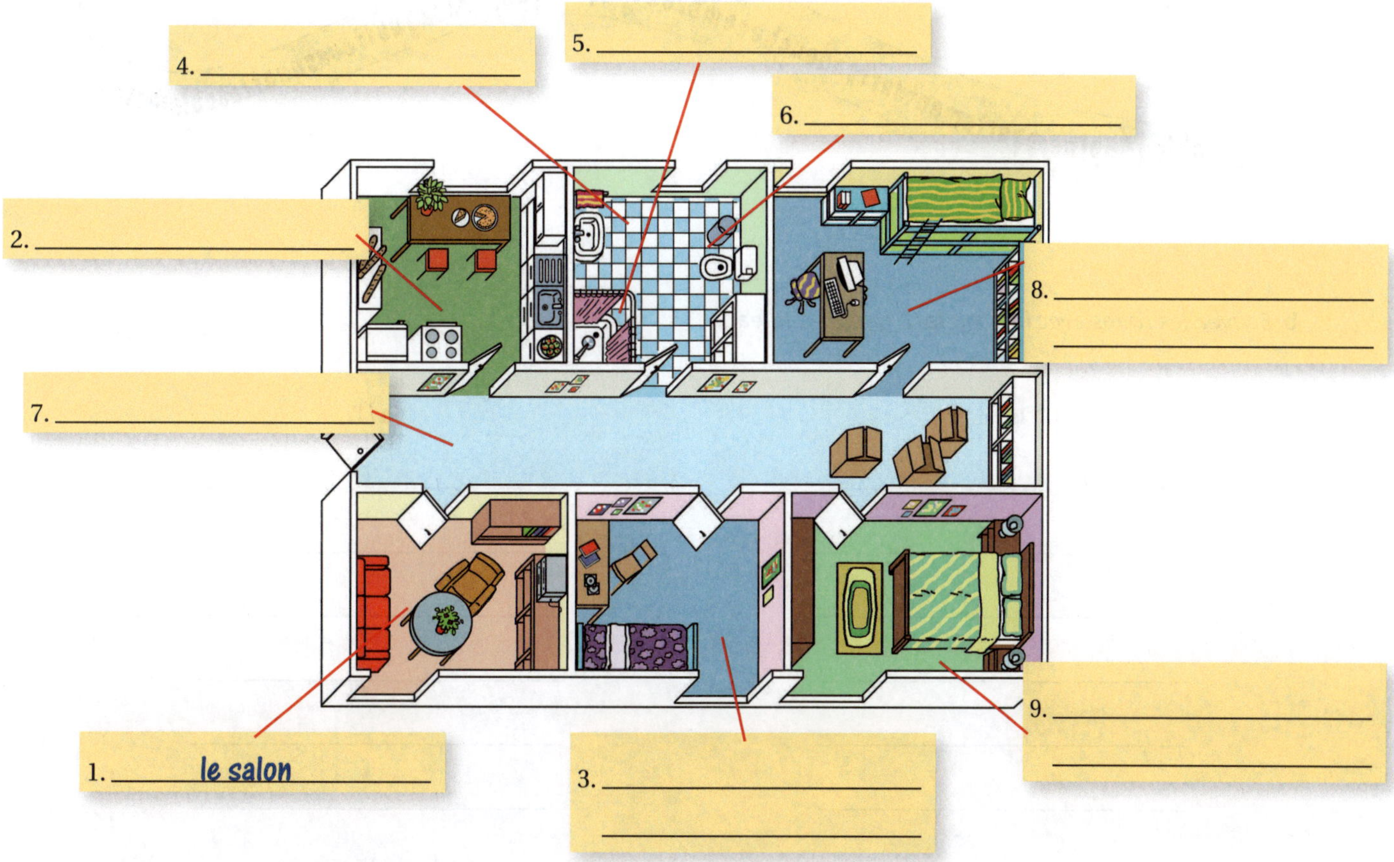

b *Zeichnet hier eine Fantasie-Wohnung und beschriftet die Räume. Ihr könnt auch eure eigene Wohnung auf ein größeres Blatt zeichnen und mithilfe von Fotos oder Ausschnitten aus Zeitschriften „einrichten". Zeigt eurem Sitznachbarn / eurer Sitznachbarin die Zeichnung und macht einen gedachten Rundgang durch die Wohnung. Heftet eure Zeichnung in eurem Portfolio ab.*

6 Le serpent des noms *(G 4, 13) → nach SB Ü 3, S. 24*

a *Séparez les noms.*
(Trennt die Nomen voneinander.)

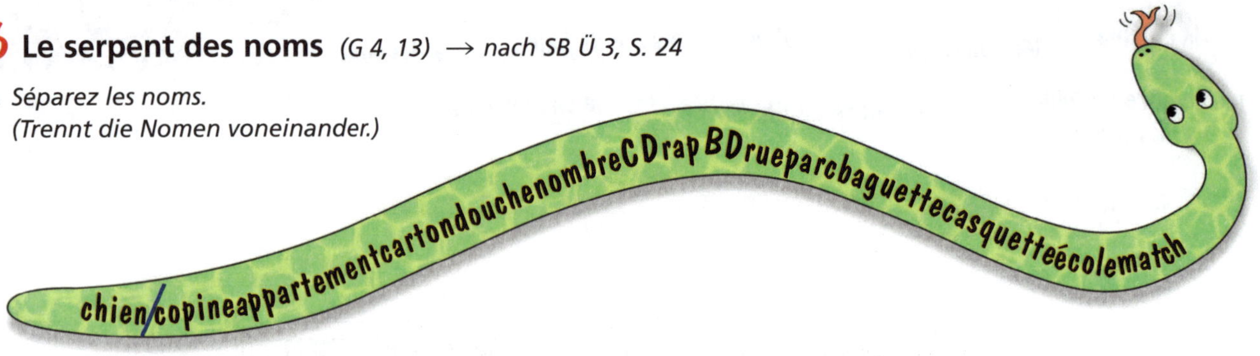

b *Ecrivez les noms avec* ***le/l'*** *ou* ***la/l'*** *dans le tableau.*

le/l'	la/l'
le chien	

c *Ecrivez les noms au pluriel.*

	les	
les chiens		

7 Que fait Charlotte? *(G 7, 11) (Tandembogen im Annexe, S. 115 → nach SB Ü 2, S. 24)*

8 Où sont les quiches? *(G 8, 12)* → *nach SB Ü 1, S. 24*

Wie sieht's denn hier aus?
Wo sind Babou, die Quiches, die CDs …?
Posez des questions et répondez.
(Stellt Fragen und beantwortet sie.)

1. Où sont ______ les quiches? Elles sont dans le salon.
2. Où est ______ Léo? Il est ______
3. ______ la baguette? Elle ______
4. ______ les CD? Ils ______
5. ______ Minette? Elle ______
6. ______ les cartons? Ils ______
7. ______ Babou? Il ______
8. ______ le poulet? Il ______

9 Où est la cuisine de Céline? *(G 4, 13) → nach SB Ü 3, S. 24*

Complétez avec ***le, la, l', les.***

1. Marine cherche ______ casquettes
   et Charlotte cherche ______ baguette.
2. Farid et Pierre cherchent ______ cartons
   et Minette cherche ______ salon.
3. Julie cherche ______ copine de Marine
   et Léo cherche ______ cuisine de Céline.
4. Je cherche ______ / ______ CD.
   Et toi? Tu cherches ______ / ______ BD?
5. Vous cherchez ______ rue Gambetta
   et nous cherchons ______ «Rap à Papa».
6. M. Garnier cherche ______ plan de Paris
   et Léo cherche ______ éléphant de Julie.

10 Chanson[1]: L'anniversaire de Babou *(G 9) → nach SB Ü 4, S. 24*

23
24

Lest den Text durch. Was könnte in die Lücken passen?
Hört euch das Lied einmal an. Gefällt es euch? Warum?
Hört euch das Lied noch mal an und füllt die Lücken aus.

𝄆 _17_ BD ou ____ CD?
____ copains ou ____ chiens?
____, ____ ou ____ cartons
sont dans le salon, sont dans le salon? 𝄇
____ CD, ____ copains et ____ cartons sont dans le salon
pour l'anniversaire de Babou!

𝄆 ____ casquettes ou ____ baguettes?
____ quiches ou ____ poulets?
____, ____ ou ____ copines
sont dans la cuisine, sont dans la cuisine? 𝄇
____ baguettes, ____ poulets et ____ copines
sont dans la cuisine
pour l'anniversaire de Babou!

VOC 11 L'intrus *→ an beliebiger Stelle*

Welches Wort passt nicht? Streicht es durch.

la banane	le supermarché	Mme Garnier	le salon	chanter	le garçon
la baguette	l'école	Charlotte	la casquette	chercher	le poulet
la fin	la quiche	M. Renaud	la cuisine	préparer	le CD
le poulet	l'hôpital	Julie	le couloir	le quartier	la rue
1	2	3	4	5	6

1 **une chanson** [ynʃɑ̃sɔ̃] ein Lied

▽ 12 Des CD et des BD *(G 7)* → *nach SB Ü 5, S. 25*

Complétez avec les formes de chercher (🔍) et trouver (💡).

1. Charlotte (🔍) ________ une BD. Marine est avec Charlotte.

Vendeur[1]: Bonjour! Vous (🔍) ________ une BD?

Charlotte et Marine: Oui, monsieur. Nous (🔍) ________ «Astérix et Latraviata».

Vendeur: Et vous (💡) ________ la BD?

Charlotte et Marine: Oui, merci, elle est là. C'est un cadeau pour une copine.

2. Pierre et Farid (🔍) ________ un CD pour Charlotte,

et ils (💡) ________ «Le rap à Paris». Amélie est là aussi.

Pierre: Amélie, tu (🔍) ________ aussi un CD de rap?

Amélie: Un CD de rap? Non, merci! Moi, je (🔍) ________ un CD de techno[2].

Pierre: La techno aussi, c'est super, je (💡) ________.

Farid: Et tu (💡) ________ un CD de techno?

Amélie: Oui, voilà «La techno à Bordeaux[3]». C'est cool!

1 **un vendeur** [ɛ̃vɑ̃dœʀ] ein Verkäufer – 2 **la techno** [latɛkno] Techno –
3 **Bordeaux** [bɔʀdo] *Stadt im Südwesten Frankreichs*

13 La vague des verbes *(Die Verbenwelle)* → nach SB Ü 5, S. 25

a *Séparez les verbes. (Trennt die Verben.)*

j' nous ils / elles

cherchons/trouvezaimedétestespréparentchante

il / elle tu vous

b *Verbindet die Pronomen mit den passenden Verbformen.*

c *Ecrivez 5 phrases avec les verbes. (Kombiniert die Verbformen aus* **a** *mit den Bildern und den Schildern. Bildet fünf Sätze und schreibt sie auf.)*

dans la rue de la Chine

dans le salon

dans un supermarché

la copine de Charlotte

1. Nous cherchons Léo dans la rue de la Chine.
2. ______
3. ______
4. ______
5. ______
6. ______

d *Lisez les phrases à votre voisin / votre voisine. (Lest die Sätze eurem Nachbarn / eurer Nachbarin vor.)*

14 Chez Charlotte *(G 5, 7) → nach SB Ü 5, S. 25*

3

Ecrivez la forme correcte des verbes. (Setzt die Verben in der richtigen Form in den Text ein. Die Verben rechts sind richtig angeordnet.)

1. Charlotte est ______ dans le salon.	être
2. Elle ______ un CD de rap et ______.	écouter / chanter
3. Charlotte et les copains ______ le rap.	aimer
4. Minette et Léo ______ le rap.	détester
5. Minette et Léo ______ dans la chambre de Julie.	être
6. Ils ______ un cadeau pour l'anniversaire de Charlotte	chercher
et ______ Babou.	trouver
7. Babou ______ dans un carton.	être
8. *Léo:* Salut Babou, tu ______ le rap?	aimer
9. *Babou:* Non, je ______ le rap.	détester
10. La maman et le papa de Charlotte ______ dans la cuisine.	être
11. Ils ______ des quiches pour les copains de Charlotte.	préparer
12. *Charlotte:* Maman, papa, vous ______ où?	être
13. *La maman:* Nous ______ dans la cuisine.	être
14. Nous ______ des quiches.	préparer
15. Où ______ Léo et Minette?	être
16. Et voilà Léo et Minette avec un cadeau pour Charlotte.	
17. Le cadeau, c' ______ Babou.	être
18. Léo ______ les éléphants.	aimer

3

15 Cherchez les mots. → an beliebiger Stelle

a *Ecrivez les mots avec* ***un*** *ou* ***une****.*

b *Trouvez les huit mots dans la grille. (Findet die acht Wörter, die in diesem Gitternetz waagerecht und senkrecht versteckt sind.)*

Waagerecht

1.  ______________________
2.  ______________________
3.  ______________________
4.  ______________________

Senkrecht

1.  ______________________
2.  ______________________
3.  ______________________
4.  ______________________

Y	X	E	C	B	A	M	K	J	U	G	E
B	U	M	I	C	O	S	W	S	A	E	L
A	N	N	I	V	E	R	S	A	I	R	E
M	I	B	U	C	X	O	S	L	K	E	P
C	E	C	V	A	N	M	K	O	J	G	H
U	Q	O	C	Q	E	K	I	N	A	Q	A
I	W	C	A	R	T	O	N	H	I	N	N
S	A	U	D	A	E	M	A	C	A	V	T
I	V	B	E	X	K	O	E	M	N	U	L
N	T	T	A	T	D	O	U	C	H	E	M
E	X	K	U	V	C	A	G	H	A	I	R
W	A	C	H	U	C	H	A	M	B	R	E

16 Qu'est-ce que tu aimes? *(G 7)* → *vor SB Ü 5, S. 25*

a *Cochez. (Kreuzt an.)*

J'aime	Je déteste	
☐	☐	les BD.
☐	☐	le rap.
☐	☐	les poèmes.
☐	☐	l'école.
☐	☐	les anniversaires.
☐	☐	les bananes.
☐	☐	les quiches.
☐	☐	les chiens.

b *Vergleicht eure Antworten mit den Antworten eurer Nachbarn/eurer Nachbarin.*

Exemple:
– Qu'est-ce que tu aimes? – J'aime …
– Qu'est-ce que tu détestes? – Je déteste …

c *Stellt die Antworten eures Nachbarn/eurer Nachbarin der Klasse vor.*

17 Est-ce que Léo aime les bananes? *(G 7, 10) → nach SB Ü 6, S. 25*

a *Posez des questions avec le verbe (mit dem Verb)* ***aimer*** *et répondez.*

1. Est-ce que Léo aime les bananes? – Non, il déteste les bananes.

2. Est-ce que Farid aime le rap? – __________

3. __________

   – __________

4. __________

   – __________

5. __________

   – __________

6. __________

   – __________

b **A vous.** *Ecrivez des phrases (Sätze) avec* ***aimer*** *et* ***détester****.*

☺ Moi, j'aime __________

☹ Je déteste __________

☺ Les copains/copines et moi, nous __________

☹ Les copains/copines et moi, nous __________

18 L'anniversaire → *nach Texteinführung*

a *Regardez le texte **L'ordinateur de Charlotte …** dans le livre et corrigez (korrigiert) les phrases.*

1. Dans la chambre de Charlotte, il y a des sacs, ~~trois ou quatre CD et des BD~~.	1. six ou sept BD et des CD
2. Et là, sur la table, il y a un cadeau.	2. ______
3. Amélie et Pierre entrent dans la chambre de Charlotte. Les deux copains chantent «Joyeux anniversaire …».	3. ______
4. *Amélie:* Qu'est-ce qu'il y a sur la table, Charlotte?	4. ______
5. *Charlotte:* Il y a un éléphant, c'est le cadeau d'anniversaire de Julie.	5. ______
6. *Pierre:* Super! Et qui installe l'éléphant? Toi? *Charlotte:* Non, c'est papa.	6. ______
7. Deux heures plus tard … *Amélie:* Nous sommes ici pour l'anniversaire de Julie, Pierre!	7. ______
8. *Pierre:* Zut! *Frédéric:* Est-ce qu'il y a un problème? *Pierre:* Oui, je cherche le CD «Le rap à Paris».	8. ______

b *Gestaltet Geburtstagskarten für Charlotte!*
Klebt dann eure Karten auf ein Plakat, das ihr in der Klasse aufhängt.

19 Est-ce que les copains chantent …? *(G 7, 10) → nach SB Ü 2, S. 27*

Regardez les dessins. Posez des questions avec ***est-ce que*** *et répondez.*
(Schaut euch die Bilder an. Stellt Fragen mit ***est-ce que*** *und antwortet darauf.)*

1. les copains – chanter – le rap à Paris?

– Est-ce que les copains chantent «Le rap à Paris»?

– Non, ils chantent «Joyeux anniversaire».

2. Pierre – installer – l'ordinateur de Farid?

– Est-ce que Pierre ______________________________

____

– Non, il ______________________________ de Charlotte.

3. M. Garnier – préparer – une quiche?

– ______________________________

____

– ______________________________

4. Minette – entrer – dans la chambre de Julie?

– ______________________________

____

– ______________________________

20 Qu'est-ce qu'il y a dans le carton? *(G 14) → vor SB Ü 2, S. 27*

a *Qu'est-ce qu'il y a dans le carton A? Qu'est-ce qu'il y a dans le carton B?*

carton A **carton B**

Dans le carton A, il y a … Dans le carton B , il y a …

1. un éléphant	1. des éléphants
2. une banane	2. des bananes
3.	3.
4.	4.
5.	5.
6.	6.

b *Übersetzt die folgenden Sätze ins Deutsche.*

1. Babou cherche des bananes dans la cuisine.

____.

2. Farid trouve des CD dans le carton.

____

b *Wird der Artikel* **des** *ins Deutsche übersetzt? Ergänzt die Tabelle.*

	🇫🇷	🇩🇪
Singular	un, une	________
Plural	________	________

21 Des chiens dans la douche *(G 7, 10) → nach SB Ü 3, S. 27*

a *Posez des questions avec* ***est-ce qu'il y a*** *et répondez.*

– Est-ce qu'il y a des quiches ______ dans la cuisine?

– Non, dans la cuisine, il y a ______.

– Est-ce qu'il y a ______ sur la table?

– Non, sur la table, ______.

– ______ dans la douche?

– Non, ______

______.

– ______ dans le sac?

– ______

______.

3

22 Les chambres de Pierre et Farid *(G 3, 14) → nach SB Ü 3, S. 27*

25

a *Ecoutez le CD et dessinez les objets (zeichnet die Gegenstände).*

VOC

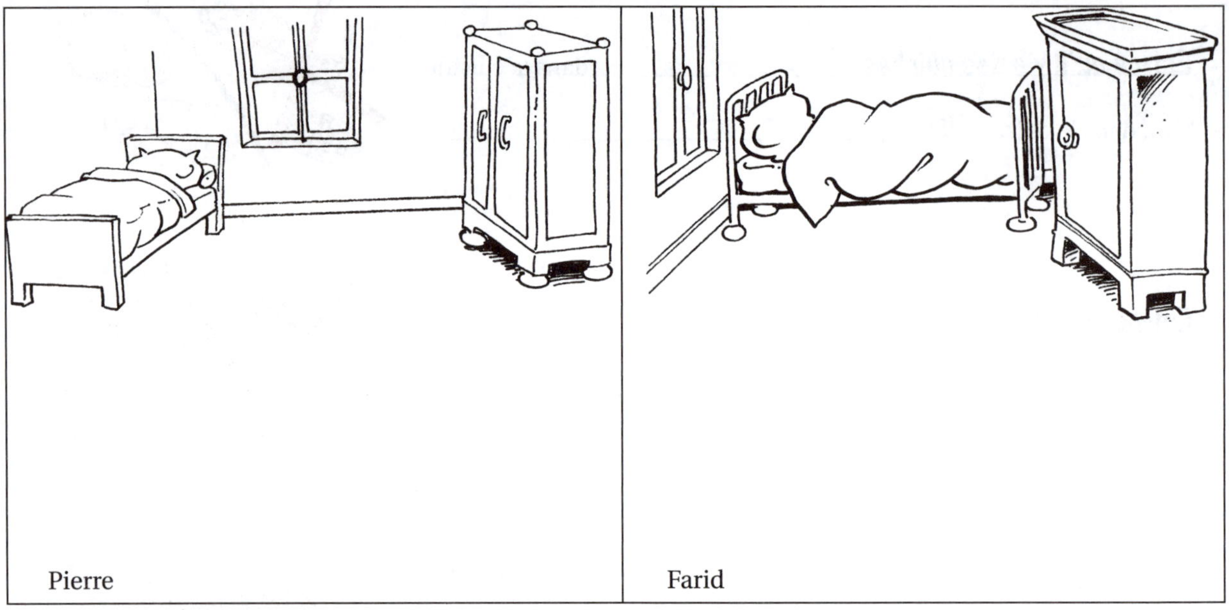

b *Qu'est-ce qu'il y a dans les chambres? Ecrivez.*

Dans la chambre de Pierre, il y a une table ______, un ______ et ______. Il y a aussi ______, ______ et ______.

Dans la chambre de Farid, il y a ______, ______ et ______. Il y a aussi ______, ______ et ______.

c *Vergleicht eure Bilder und eure Sätze mit dem Nachbarn!*

Matthias: Qu'est-ce qu'il y a dans la chambre de Pierre, Anna?
Anna: Il y a une table, …

Anna: Et qu'est-ce qu'il y a dans la chambre de Farid, Matthias?
Matthias: Il y a …

VOC

23 Trouvez les mots. *→ an beliebiger Stelle*

Gesucht sind Vokabeln der Lektion 3 B. Wenn ihr Schwierigkeiten habt, schaut euch den Text noch einmal an (Schülerbuch, S. 127–128). Die Buchstaben in den gelben Kästchen ergeben das Lösungswort.

1. u n e t _ b _ _
2. u n e c h _ m b r e
3. _ _ i s
4. J _ _ _ _ x _ _ _ _ _ _ _ _ _ _ _ _ !
5. é _ _ u t _ _
6. s u r _ _ t _ _ _ t
7. u n _ _ d _ n _ _ _ _ r
8. _ n _ t _ _ _ e r
9. t _ o _ _ _ r

Lösung: _ _ _ _ _ _ _ _ _ _ _ _

VOC 24 Qu'est-ce que c'est? *(G 6, 14) → nach SB Ü 4, S. 28*

Regardez le dessin. Posez des questions et répondez. (Schaut das Bild an. Stellt Fragen und antwortet.)

Exemple:

1. Qu'est-ce que c'est? ______ C'est un éléphant. ______
2. Qu'est-ce que c'est? ______ Ce sont des bananes. ______
3. ______ ______
4. ______ ______
5. ______ ______
6. ______ ______
7. ______ ______
8. ______ ______

25 Qui …? – Que fait …? Que font …? *(G 11, 15) → nach SB Ü 5, S. 28*

Stellt die Frage, die sich auf den markierten Teil des Satzes bezieht.

1. Malika prépare une quiche. — Qui prépare une quiche? ______
2. Farid et Charlotte préparent une quiche. — Que font Farid et Charlotte? ______
3. Le reporter installe l'ordinateur. ______
4. Amélie et Marine cherchent un CD. ______
5. Julie chante un rap. ______
6. Pierre cherche un CD-ROM. ______

26

26 Le son [õ] → nach SB Ü 6, S. 28

a *Hört die CD ein erstes Mal an und kreuzt an, ob die Wörter und Sätze den Nasallaut [õ] enthalten.*

	Nasal	kein Nasal	
1.	X		1. le garçon
2.			2.
3.			3.
4.			4.
5.			5. .
6.			6. .

b *Hört die Wörter und Sätze noch einmal an und schreibt sie in die rechte Spalte. Markiert die Nasale farbig.*

27

27 La liaison *(Die Bindung)* → nach SB Ü 6, S. 28

a *Manche Wörter werden in der französischen Aussprache gebunden – das nennt man* ***liaison****. Hört die CD und kreuzt an, ob eine Bindung gemacht wird.*

Bindung	keine Bindung	
X		1. Nous‿aimons Babou.
		2.
		3.
		4.
		5.
		6.

b *Hört euch die Wörter und Sätze noch einmal an und schreibt sie in die rechte Spalte. Zeichnet die* ***liaison*** *mit einem roten Bogen ein.*

28 Joyeux anniversaire → *beliebige Stelle, beliebiges Datum*

Wer hat als nächstes Geburtstag? Entwerft für den Mitschüler / die Mitschülerin ein „cooles" Poster.

auto-contrôle

1 Les verbes en *-er* *(G 7)*

Complétez.

______ trouves	nous ______	______	finden
je ______	______ préparent	préparer	______
il ______	______ aimez	______	lieben / mögen
tu ______	vous ______	détester	______
je ______	______ chantons	______	singen
elle ______	elles ______	chercher	______
on ______	______ écoutent	______	hören / zuhören
______ entres	nous ______	______	eintreten
j' ______	______ installez	______	etwas anschließen

2 Les articles *(Die Artikel) (G 3, 4, 13, 14)*

Complétez avec ***le, la, l', les*** *ou* ***un, une, des.***

C'est [1] ______ anniversaire de Julien Laroche. Dans [2] ______ chambre de Julien, [3] ______ copains chantent «Joyeux anniversaire». Dans la chambre, il y a [4] ______ table. Et sur [5] ______ table, il y a [6] ______ carton. Dans [7] ______ carton, il y a [8] ______ éléphant. [9] ______ éléphant, c'est [10] ______ cadeau. Cool!

Dans la cuisine, il y a [11] ______ poulet. [12] ______ copains de Julien adorent [13] ______ poulet et [14] ______ mayonnaise. Il y a aussi [15] ______ baguette, [16] ______ bananes et [17] ______ oranges.

Et que font les copains? [18] Ils font ______ match dans le parc Debrousse!

3

3 Vocabulaire

*Findet die Wörter und ordnet sie den Sachfeldern zu. Schreibt bei den Nomen **un** oder **une** dazu.*

STALLERIN LONSA ROM-CD BRECHAM MENTPARTEAP

LOIRCOU TERNETIN SINECUI TEURNADIOR

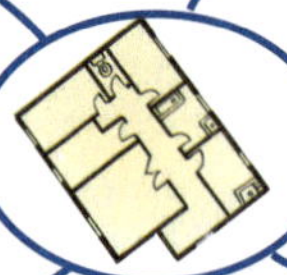

1. un appartement ______
2. ______
3. ______
4. ______
5. ______

1. ______
2. ______
3. ______
4. ______

4 Qu'est-ce qu'on dit en français?

1. Ich suche ein Geburtstagsgeschenk. ______
2. Suchst du eine Rap-CD? ______
3. Rap mag ich überhaupt nicht. ______
4. Herzlichen Glückwunsch zum Geburtstag! ______
5. Mist! Wo sind Léo und Minette? ______
6. Sind sie in der Dusche? ______

In den ersten Lektionen hast du eine Menge gelernt:
Du kannst dich in bestimmten Situationen auf Französisch **verständigen**, hast **Lerntechniken** erworben und einiges über **Frankreich** erfahren. Sieh dir einmal das Inhaltsverzeichnis des Schülerbuchs für die Lektionen 1 bis 3 an.
Ergänze dann die Liste und kreuze rechts an, wie fit du bist.

		Klappt super!	Das muss ich noch üben!
Sich auf Französisch verständigen	Ich kann …		
	… mich vorstellen und fragen, wie jemand heißt.	☐	☐
	… jemanden begrüßen, mich verabschieden.	☐	☐
	… fragen, wie es jemandem geht.	☐	☐
	… fragen, wie etwas auf Französisch heißt.	☐	☐
	… fragen, woher jemand kommt.	☐	☐
	… fragen, was jemand tut.	☐	☐
	… fragen, wo …	☐	☐
	… fragen, wer …	☐	☐
		☐	☐
		☐	☐
		☐	☐
Lerntechniken	– beim Vokabellernen immer an die Artikel denken	☐	☐
	– mit Karteikarten lernen	☐	☐
		☐	☐
		☐	☐
		☐	☐
Frankreich/ französischsprachige Länder	Ich kenne …		
	… einige französische Städte:		
		☐	☐
		☐	☐
	… einige französische Vornamen:		
		☐	☐
		☐	☐
Am liebsten mache ich …			

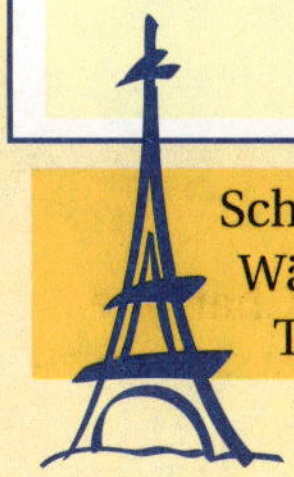

Schau dir die Liste jetzt noch einmal an:
Wähle aus jedem der vier Bereiche die Einträge aus, die für dich besonders wichtig oder interessant sind.
Trage dann deine Auswahl in die erste Etage des Eiffelturms hinten im *Cahier* ein.

LEÇON 4

d'abord

1 mon, ton, son *(G 16) → nach d'abord, S. 36*

a *Complétez avec* ***mon, ma, mes.***

Vor **weiblichen Nomen,** die mit ***a, e, i, o, u*** beginnen, benutzt du statt ***ma, ta, sa*** → ***mon, ton, son.***

une école → **mon** école
une orange → **son** orange

Voilà mon_______ quartier:

1. Voilà _________ rue et _________ école.
2. Voilà _________ classe et _________ prof d'allemand.
3. Voilà _________ copains.
4. Et voilà _________ chien Léo!
5. Et voilà les photos de _________ anniversaire:
6. Voilà _________ copines Amélie et Marine,
7. elles sont dans _________ chambre.
8. Et voilà _________ ordinateur,
9. _________ casquette, _________ sac
10. et _________ éléphant Babou:

C'est le cadeau de Léo.

b *Faites un collage. (Macht eine Collage.)*
Stellt eure Fantasiefreunde, Wohnungen, Stadt zusammen. Schneidet aus Zeitschriften oder Katalogen Personen und Orte aus und gebt ihnen französische Namen. Eure Collage könnt ihr in eure Portfolio heften.

2 Les affaires de Farid et de Charlotte *(Die Sachen ...) (G 16) → nach d'abord, S. 36*

Farid und Charlotte haben dieselben Sachen.
Complétez avec ***le, la, l', les*** *et* ***son, sa, ses.***

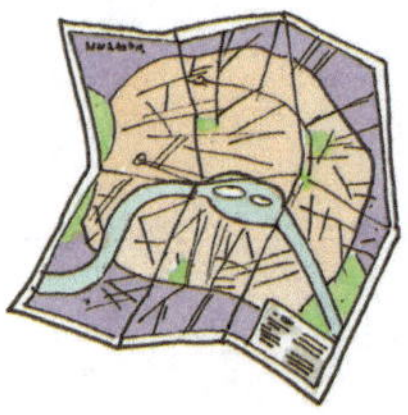

1. C'est le plan de Farid.
   C'est son plan.
2. C'est _________ banane de Farid.
   C'est _________ banane.
3. C'est _________ orange de Farid.
   C'est _________ orange.
4. Ce sont _________ casquettes de Farid.
   Ce sont _________ casquettes.

1. C'est le plan de Charlotte.
   C'est _________ plan.
2. C'est _________ banane de Charlotte.
   C'est _________ banane.
3. C'est _________ orange de Charlotte.
   C'est _________ orange.
4. Ce sont _________ casquettes de Charlotte.
   Ce sont _________ casquettes.

3 C'est ton ordinateur? *(G 16) → nach d'abord, S. 36*

Farid et Pierre sont dans la chambre de Pierre.
*Complétez avec **ton, ta, tes** et **son, sa, ses**.*

Farid:

Pierre:

1. Farid: C'est ton ________ ordinateur? — Pierre: Non, c'est l'ordinateur de maman: C'est son ________ ordinateur.
2. Farid: Ce sont ________ pulls? — Pierre: Non, ce sont les pulls de papa: Ce sont ________ pulls.
3. Farid: Ce sont ________ photos? — Pierre: Non, ce sont les photos de Kathrin: Ce sont ________ photos.
4. Farid: C'est ________ éléphant? — Pierre: Mais non! C'est l'éléphant de Léo! C'est ________ éléphant.
5. Farid: Et ça, c'est ________ casquette? — Pierre: Gagné! C'est ma casquette!

atelier A

VOC 4 stratégie Wörter erschließen *→ nach SB Ü 2, S. 37*

a *Lisez les textes.*

b *Welche Sprachen helfen euch, die hervorgehobenen Wörter zu verstehen: Englisch, Deutsch oder eine andere Sprache? Kreuzt an und notiert die deutsche Übersetzung.*

Dans la chambre de Julie, il y a l'éléphant de Léo.
Et il y a aussi **un lion et une girafe**.

M. Garnier aime **le café**,
Mme Garnier aime **le thé**.

Farid aime le ping-pong
– et **le volley** aussi!

M. et Mme Renaud sont dans **un restaurant**.
Sur la table, il y a **un jus d'orange** et **une bière**.

	Englisch	Deutsch	andere	Übersetzung
1. le lion	X			der Löwe
2. la girafe				________
3. le café				________
4. le thé				________
5. le volley				________
6. le restaurant				________
7. le jus d'orange				________
8. la bière				________

4 ▽ **5 Qu'est-ce que tu cherches?** → *vor SB Ü 3, S. 38.*

a *Complétez.*
Setzt jeweils die passende Form von ***mon, ma mes*** *(○),* ***ton, ta, tes*** *(☆),* ***son, sa, ses*** *(□) vor das Nomen.*

○ ma ______ baguette ☆ ton ______ pull □ ______ chambre

☆ ______ casquettes □ ______ BD ○ ______ ordinateur

□ ______ éléphant ○ ______ copines ☆ ______ photos

b *Schreibt jeweils einen Satz zu ○, zu ☆ und zu □.*

○ Je cherche ma baguette, ______ et ______.

☆ Tu cherches ton pull, ______.

□ Charlotte ______.

c *Hier sind drei kurze Dialoge durcheinandergeraten. Verbindet die richtigen Fragen und Antworten.*

1. – Malika, tu cherches tes CD?
2. – Que fait Karim? Il cherche son sac?
3. – Que fait Naomie dans la chambre de Nicolas? Elle cherche ses BD?

A – Oui, elle cherche ses BD.
B – Non, je cherche mes BD.
C – Non, il cherche ses photos.

28 **d** *Ecoutez le CD et contrôlez vos solutions. (Hört euch die Dialoge auf der CD an und kontrolliert eure Lösungen.)*

6 Tu cherches ton pull? → *(G 16) nach SB Ü 3, S. 38.*

Schreibt die passende Form von ***mon, ma, mes*** *(○),* ***ton, ta, tes*** *(☆),* ***son, sa, ses*** *(□).*

1. Dans la chambre de Farid

Mme Boutal[1]: Tu cherches ☆ ______ pull?

Farid: ○ ______ pull? Non!

Je cherche ○ ______ casquette!

2. Dans le salon

M. Garnier: Charlotte, tu cherches ☆ ______ photos?

Charlotte: ○ ______ photos?

Non, je cherche ○ ______ CD!

M. Garnier: Ils sont dans ☆ ______ chambre, non?

1 **Butal** [butal] *Familienname*

3. Dans le parc Debrousse

Marine: Salut, Amélie. Tu fais ☆ _________ devoirs?

Amélie: ◯ _________ devoirs? Non, euh … Je fais un poème pour ◯ _________ copain Maxime. Demain, c'est ☐ _________ anniversaire.

4. Dans la chambre de Pierre

Farid: Ah! Tu installes ☆ _________ ordinateur?

Pierre: Oui. Mais où est ◯ _________ CD-ROM pour Internet?

5. Charlotte et Amélie

Amélie: Est-ce que Léo cherche ☐ _________ copains?

Charlotte: Mais non! Il cherche ☐ _________ copine Kiki …

7 Qu'est-ce qu'ils font? *(G 17) → nach SB Ü 4, S. 38*

*Complétez avec **faire**.*

Mme Garnier: Charlotte, qu'est-ce que tu _________ ?

Charlotte: Je _________ mes devoirs.

Mme Garnier: Et vous? Qu'est-ce que vous _________ ?

Julie et M. Garnier: Nous _____________ des quiches.

Mme Garnier: Et Léo, qu'est-ce qu'il _________ ?

Julie: Il est avec Kiki.

Mme Garnier: Ah! Qu'est-ce qu'ils _________ ?

Julie: Ils écoutent un CD.

8 Faire et être *(G 5, 17) → nach SB Ü 5, S. 38*

a *Complétez les tableaux avec les formes de* ***faire*** *et* ***être****.*

	faire		être
je	fais	je	suis
tu		tu	
il / elle / on		il / elle / on	
nous		nous	
vous		vous	
ils / elles		ils / elles	

b *Trouvez les 6 formes de* ***faire*** *et les 6 formes d'****être*** *dans la grille.*

E	C	R	A	C	F	A	I	T	E	S	S	B	P	A
A	S	A	E	V	P	L	K	A	K	K	F	U	L	M
W	F	A	S	O	M	M	E	S	M	F	A	I	T	V
V	O	D	T	E	I	T	J	P	I	P	I	M	X	W
B	N	R	E	K	I	V	B	A	O	E	S	N	D	S
I	T	E	R	T	U	F	A	I	S	B	O	K	Z	U
O	T	S	O	N	T	E	K	N	F	D	N	O	T	I
P	F	A	I	S	S	I	V	E	T	E	S	P	U	S

△ **c** *Ecrivez des phrases avec les 6 formes de* ***faire*** *et 6 phrases avec les formes d'****être*** *dans votre cahier (in euer Heft).*

Je fais des recherches sur Internet. Je suis à Paris.

9 Qui est-ce? *(G 18) → nach SB Ü 2, S. 40*

a *Répondez et trouvez le nom du personnage. (Antwortet und findet den Namen der Personen.)*

A

1. Il surfe sur Internet? – **Non**, il **ne** surfe **pas** sur Internet.
2. Il fait ses devoirs? – **Non,** ______________________________.
3. Il aime le cinéma? – **Non,** ______________________________.
4. Il aime le roller? – **Non,** ______________________________.
5. Il est à Maurice Ravel? – **Non,** ______________________________.
6. Il habite à Bonn? – **Non,** ______________________________.
7. Son éléphant s'appelle Babou? – **Oui,** ______________________________.

Alors, c'est ____________!

B

1. Elle habite en Allemagne? – **Non,** ______________________________.
2. Elle est la copine de Julie? – **Non,** ______________________________.
3. Elle installe l'ordinateur? – **Non,** ______________________________.
4. Elle surfe sur Internet avec Farid? – **Non,** ______________________________.
5. Elle clique sur «Allemagne»? – **Non,** ______________________________.
6. Elle adore le cinéma? – **Oui,** ______________________________.

Alors, c'est ____________!

b *Spielt zu zweit: Partner A wählt eine Person oder ein Tier aus dem Schülerbuch aus. Partner B stellt Fragen. Dann tauschen Partner A und B die Rollen.*

10 Tu es de Toulouse? *(G 18) → nach SB Ü 2, S. 40*

Kai aus Berlin ist zum ersten Mal bei seinem Freund Julien in Paris.
Juliens kleiner Bruder Alexis stellt ihm viele Fragen.

a *Répondez avec* ***ne … pas/n' … pas.***

1. *Alexis:* Tu es de Toulouse, Kai? *Kai:* Non, je ne suis pas de Toulouse.

2. *Alexis:* Alors, tu habites à Paris? *Kai:* Non, ____________________.
____________________.

3. *Alexis:* Tu aimes le rap? *Kai:* Non, ____________________.
____________________.

4. *Alexis:* Tu aimes les BD? *Kai:* Non, ____________________.
____________________.

5. *Alexis:* Tu aimes le foot? *Kai:* Non, ____________________
____________________.

6. *Alexis:* Tu chantes avec moi? *Kai:* Non, ____________________
____________________.

Mais j'ai un cadeau pour toi, Alexis: Voilà!

6. *Alexis:* Merci. Super!
Une casquette de Berlin!

29 **b** *Ecoutez le CD et contrôlez vos solutions.*

VOC 11 Vokabelnetz: L'ordinateur *→ an beliebiger Stelle*

a *Erstellt ein Vokabelnetz zum Thema* ***l'ordinateur.***
Ihr könnt auch dazu zeichnen.

△ **b** *Ecrivez cinq phrases avec ces mots (mit diesen Wörtern).*

Exemple: L'ordinateur de Charlotte est dans sa chambre.

VOC 12 Max habite en ...? → *an beliebiger Stelle*

Lisez les phrases et complétez.

1. Charlotte habite 10 rue de la Chine: C'est son ? .
2. Le chien de Charlotte et de Julie, c'est ? .
3. Tu trouves le texte «Le cadeau de Léo» dans la ? 3.
4. Charlotte ? Marine sont des filles.
5. Simon aime le cinéma, le roller et la ? .
6. Marine trouve le cinéma super: elle ? le cinéma!
7. Amélie est une fille, Farid est un ? .
8. sept, huit, ? , dix
9. Pour un garçon, c'est «il»; pour une fille, c'est « ? ».
10. Max habite en ? .

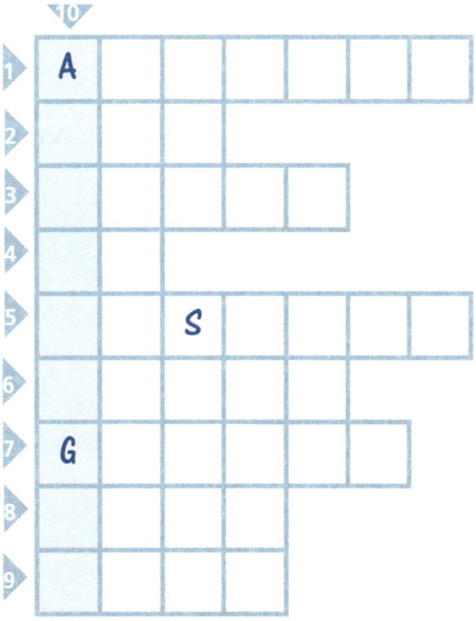

13 Vrai ou faux? *(Richtig oder falsch?) → an beliebiger Stelle*

30

a *Ecoutez le CD et regardez les photos. C'est vrai ou c'est faux?*
b *Ecoutez le CD une deuxième fois (ein zweites Mal) et écrivez la phrase correcte.*

vrai ☐ faux ☐

1. ____________________

vrai ☐ faux ☐

2. ____________________

vrai ☐

faux ☐

3. ____________________

____

vrai ☐

faux ☐

4. ____________________

14 David → nach SB Ü 1, S. 41

Lisez les questions et trouvez les réponses (die Antworten).

1. Samedi, le téléphone sonne chez Marine. C'est qui?
2. Qui est David?
3. C'est où, le match de volley?
4. Est-ce que Marine aime le volley?
5. Est-ce qu'elle aime le karaoké?
6. Qui a des CD super?
7. Est-ce que Marine déteste le cinéma?
8. Marine adore «Astérix et Obélix»?
9. Où est Marine dimanche?

- Non, elle déteste le karaoké.
- Elle est devant le cinéma avec Simon.
- Non, ce n'est pas marrant.
- C'est le copain de Marine.
- Non, elle n'aime pas le volley.
- C'est David.
- La sœur de David a des CD super.
- Non, elle adore le cinéma.
- C'est dans la rue Sorbier.

15 Sarah et Théo *(G 19)* → *nach SB Ü 3, S. 42*

a *Complétez avec les formes d'**avoir**.*

avoir – *haben*

j' ____________
tu ____________
il / elle / on ____________
nous ____________
vous ____________
ils / elles ____________

b *Complétez le dialogue avec les formes d'****avoir****.*

Sarah: Moi, je m'appelle Sarah. Et toi?

Théo: Je suis Théo.

Sarah: J' ______ cinq ans. Et toi? Tu ______ quel âge?

Théo: Moi, j' ______ six ans.

Sarah: J' ______ une sœur: Céline. Elle ______ déjà quinze ans.

Théo: Ma maman et moi, nous ___________ un chien. Vous ___________ aussi un chien?

Sarah: Non. Moi, j' ______ un éléphant. Mais ma sœur et moi, nous ___________ un ordinateur!

Théo: Et ton papa et ta maman, ils ________ aussi un ordinateur?

Sarah: Oui. Et ils ________ une page Internet. *Théo:* Ça, c'est cool!

c *Lisez encore une fois le dialogue* **b***.*
Complétez les fiches de Théo et de Sarah. (Ergänzt die Tabellen mithilfe der Informationen aus Dialog **b***.)*

Age	______________________ ans	______________________ ans
Sœur	Oui / Non Elle s'appelle ______________________.	Oui / Non Elle s'appelle ______________________.
Animal	Oui / Non Lequel *(welches)*: ______________________.	Oui / Non Lequel *(welches)*: ______________________.
Ordinateur	Oui / Non	Oui / Non

16 En français: Alexandre → nach SB Ü 4, S. 42

a *Du lernst in einer französischen Jugendherberge Alexandre kennen. Ecrivez le dialogue.*

Moi

1. Er heißt Alexandre und fragt, wie du heißt.	Du stellst dich vor.
______________________	______________________
______________________	______________________
2. Er fragt, ob du Tischtennis magst.	Du findest Tischtennis super.
______________________	______________________
______________________	______________________
3. Er fragt, ob du Hunde magst.	Du hast Hunde sehr gern.
______________________	______________________
______________________	______________________
4. Er fragt, ob du gerne im Internet surfst.	Im Internet surfen? Das findest du nicht lustig.
______________________	______________________
______________________	______________________

△ 17 Des idées → nach SB Ü 4, S. 42

a *Lisez le texte.*

Voilà Charlotte, Amélie, Pierre et Farid.
Ils sont devant l'école.

Pierre: Cool! La prof de français n'est pas là!
Farid: Et alors, qu'est-ce qu'on fait, les copains?
Charlotte: On fait un match de ping-pong?
Amélie: Bof! Je n'aime pas ça.
Pierre: Alors, on fait un match de foot?
Charlotte: Ah, non! Je déteste le foot!
Farid: Qu'est-ce qu'on fait alors?
Amélie: J'ai une idée: On écoute des CD chez moi.
Pierre: Bof … ce n'est pas marrant …
Charlotte: Oui, super! Mais … tes parents[1]?
Amélie: Mes parents? Ce n'est pas un problème: Ils adorent la musique!
Farid: Alors, on écoute des CD, d'accord?
Pierre: Hm … Et qui fait mes devoirs? Toi, Amélie?
Amélie: Ha ha! Très marrant!

b *Faites des phrases avec **aimer, adorer, détester**. Ecrivez dans votre cahier.*

Exemple:
Charlotte aime le ping-pong.

Charlotte		le ping-pong.
Amélie	♥	le foot.
Pierre	♥♥	les devoirs.
Farid	♥ (durchgestrichen)	la musique.
Les parents d'Amélie		les CD.

1 **les parents** (m.) [lepaʀɑ̃] die Eltern

3 Domi-nombres

Schneidet zuerst die Dominosteine aus und mischt sie.
Legt nun immer zwei Karten so aneinander, dass auf eine Ziffer das entsprechende Zahlwort folgt.

vingt	1	un	2
deux	3	trois	4
quatre	5	cinq	6
six	7	sept	8
huit	9	neuf	10
dix	11	onze	12
douze	13	treize	14
quatorze	15	quinze	16
seize	17	dix-sept	18
dix-huit	19	dix-neuf	20

12 Il est quelle heure, s'il te plaît?

Mit einer Briefklammer kannst du die Zeiger befestigen.

15 Dominos[1]

Schneidet zuerst die Dominosteine aus.
Nun könnt ihr Domino spielen – alleine oder zu zweit:
Ordnet den deutschen Redewendungen die französische Übersetzung zu.

	Geht ihr in den Park?	Pierre va aux toilettes.	Was machst du am Samstagnachmittag?
Il est quelle heure, s'il vous plaît?	Es geht mir nicht gut.	J'ai mal à la tête.	Pierre geht zur Toilette.
Les élèves rentrent à la maison.	Hast du deinen Stundenplan?	Où est le gymnase?	Die Schüler gehen nach Hause.
Ça ne va pas.	Ich habe Kopfschmerzen.	Tu as ton emploi du temps?	Marine bleibt in der Krankenstation.
Qu'est-ce que tu fais samedi après-midi?	Es ist Viertel vor 6.	Vous allez au parc?	Können Sie mir sagen, wie spät es ist?
Marine reste à l'infirmerie.	In der 5 A ist ein Neuer.	Il est six heures moins le quart.	Ich zeige Nicolas meine Schule.
Je montre mon collège à Nicolas.	Wo ist die Turnhalle?	Il y a un nouveau dans la 5e A.	Um 8 Uhr kommen die Schüler ins *Collège.*
A huit heures, les élèves arrivent au collège.	Marine schaut auf ihren Stundenplan.	Marine regarde son emploi du temps.	

1 Hebt die Kärtchen in einem Briefumschlag auf. Ihr braucht die blau-grüne Rückseite für die nächste Lektion!

15 Dominos

	Ich nehme die Metro.	tout à coup	Was darf es sein?
Ça, c'est une idee!	Guten Appetit.	On prend l'ascenseur?	Trinken wir auf der Aussichtsplattform der *Samaritaine* eine Cola?
Bon appétit.	Nehmen wir den Aufzug?	Qu'est-ce que vous prenez?	Ich habe keine Lust.
On prend un coca sur la terrasse de la Samaritaine?	Von hier hat man einen tollen Blick!	Je n'ai pas le temps.	Ich habe Hunger!
J'ai faim!	Hör auf.	Arrête.	Verstehst du?
On a rendez-vous avec Michel.	Ich habe keine Zeit.	D'ici, on a une vue super!	Wir haben eine Verabredung mit Michel.
Ici, c'est trop cher.	plötzlich	Tu comprends?	Hier ist es zu teuer.
Je prends le métro.	Das ist eine gute Idee.	Je n'ai pas envie.	

17 Rallye à Paris[1]

1 L'église à Montmartre s'appelle … Sacré-Cœur	**2 La place des peintres et des touristes, c'est la …** place du Tertre	**1 prendre: je prends, tu …** ***Continuez.*** tu prends, il prend, nous prenons, vous prenez, ils prennent	**2** ***Gratuliere deinem Freund Pierre zum Geburtstag!*** Joyeux anniversaire, Pierre!
3 Qu'est-ce qu'on trouve dans un supermarché? (3 mots) p. ex. une orange, un coca, une banane, un CD, …	**4 Sur la place devant le Centre Pompidou, les copains regardent …** les peintres/les musiciens/ les jongleurs	**3** ***Complétez.*** **les ordinateurs de Léa et de Sara → Ce sont … ordinateurs.** leurs	**4 Lundi, mardi …** ***Continuez.*** mercredi, jeudi, vendredi, samedi, dimanche
5 C'est une église, mais ce n'est pas le Sacré-Cœur. C'est … Notre-Dame	**6 Qu'est-ce qu'on trouve dans une boulangerie? (2 mots)** une baguette, un sandwich, une quiche, une pizza, un croissant, une brioche …	**5** ***Frage, ob es im Gambetta-Viertel ein Kino gibt.*** Est-ce qu'il y a un cinéma dans le quartier Gambetta?	**6 avoir: j'ai …** ***Continuez.*** tu as, il a, nous avons, vous avez, ils ont
7 a) C'est un grand magasin. C'est la … **b) On a une vue super de sa …** a) Samaritaine b) terrasse	**8 M. Renaud est très malade. Il va à …** l'hôpital	**7 A la boulangerie:** ***Bestelle etwas zu essen und/oder etwas zu trinken!*** exemple: «Un sandwich, s'il vous plaît, et un coca!» / «Une quiche, s'il vous plaît!» / «Je prends un coca, s'il vous plaît!»	**8 être: je suis, tu …** ***Continuez.*** tu es, il est, nous sommes, vous êtes, ils sont
9 a) A l'école, j'aime … (2 Fächer) **b) A l'école, je déteste … (2 Fächer)** a) p.ex.: le français, les maths, le sport, … b) p.ex.: l'allemand, l'anglais, la chimie …	**10 (Tour Eiffel) Pour avoir une vue sur Paris, on prend l'escalier ou …** l'ascenseur	**9** ***Frage deinen Partner nach der Uhrzeit.*** Il est quelle heure, s'il te plaît?	**10** ***Complétez.*** **a) la casquette de Farid → C'est … casquette.** **b) le CD de Malika → C'est … CD.** a) sa b) son

1 Hebt die Kärtchen in einem Briefumschlag auf. Ihr braucht die Rückseite für die nächste Lektion!

6 Mémory

Beschriftet die Bildkarten mit den passenden Wörtern. Schreibt dazu une (in rot) oder un (in blau)!
Wenn ihr möchtet, könnt ihr mit einem Partner Memory spielen. Dazu müsst ihr aber die Rückseite der Kärtchen mit einem neutralen Papier bekleben oder die Fragen von der Paris-Rallye mit einem dicken Filzstift übermalen.

18 Une interview (G 20) → nach SB Ü 4, S. 42

31

Das Schülerzeitungsteam des *Collège Maurice Ravel* interviewt fünf Schüler.

Ecoutez l'interview deux fois (zweimal) et complétez.

		Il / Elle aime …	Il / Elle adore …	Il / Elle n'aime pas …
Amina	☐ ans	☐ le karaoké ☐ le volley ☐ les chiens	☐ le karaoké ☐ le volley ☐ les chiens	☐ le karaoké ☐ le volley ☐ les chiens
Mathieu	☐ ans	☐ le ping-pong ☐ le karaoké ☐ le foot	☐ le ping-pong ☐ le karaoké ☐ le foot	☐ le ping-pong ☐ le karaoké ☐ le foot
Céline	☐ ans	☐ faire des quiches ☐ écouter des CD ☐ les ordinateurs	☐ faire des quiches ☐ écouter des CD ☐ les ordinateurs	☐ faire des quiches ☐ écouter des CD ☐ les ordinateurs
Frédéric	☐ ans	☐ surfer sur Internet ☐ les chiens ☐ le roller	☐ surfer sur Internet ☐ les chiens ☐ le roller	☐ surfer sur Internet ☐ les chiens ☐ le roller
Isabelle	☐ ans	☐ le cinéma ☐ le rap ☐ les devoirs	☐ le cinéma ☐ le rap ☐ les devoirs	☐ le cinéma ☐ le rap ☐ les devoirs

19 Un poème → an beliebiger Stelle

a *Trouvez les mots qui riment. Complétez le poème avec les rimes.*

Bonjour n'est pas ____________.
Un parc n'est pas une ____________.
Paris n'est pas ____________,
mais tu es mon ____________.
Céline n'est pas ____________,
mais elle est ma ____________.
Chercher n'est pas ____________
et moi, j'adore ____________.

Berlin
trouver
rue
surfer
copain
copine
salut
Marine

32

b *Ecoutez le CD et contrôlez. (Hört euch die CD an und kontrolliert.)*

20 Cherchez l'intrus → *an beliebiger Stelle*

a *Welches Wort passt nicht? Kreist es ein und schlagt ein passendes Wort vor.*

1	2	3	4	5
le volley	Toulouse	un ordinateur	faire un article	la douche
le foot	Paris	une BD	faire des photos	le couloir
le karaoké	Berlin	une page Internet	faire des quiches	le salon
le ping-pong	Marseille	un CD-ROM	faire des recherches	l'appartement

△ **b** *Stellt jeweils Vierergruppen von Wörtern zusammen und lasst eure Mitschüler den Eindringling suchen.*

21 Salade de lettres *(Buchstabensalat)* → *an beliebiger Stelle*

a *Trouvez les verbes.*

oriva avoir

oruvtre ________

tesédret ________

rétouce ________

hercherc ________

meria ________

rête ________

efria ________

b *Gebt hier die Endungen der Verben auf* **-er** *im Präsens an:*

je —e

tu —____

il / elle / on —____

nous —____

vous —____

ils / elles —____

c *Kreist die drei unregelmäßigen Verben in* **a** *ein.*
Gebt hier jeweils alle Formen dieser Verben an.

			être
je / j'			
tu		fais	
il / elle / on	a		
nous			
vous			
ils / elles			sont

auto-contrôle

1 Vocabulaire

Trouvez les paires (die Paare).

salon musique garçon copine élève dimanche France
ping-pong
copain fille samedi foot cuisine prof Allemagne karaoké

2 ne ... pas *(G 18)*

*Faites des phrases avec **ne ... pas / n´ ... pas** et complétez.*

1. Dans le quartier Gambetta, Kathrin et Silke cherchent l'hôpital Tenon?

   Non, elles ________________________ l'hôpital Tenon.

   Elles cherchent un ________________________.

2. Chez Charlotte, Pierre installe la table de ping-pong?

   Non, il ________________________ la table de ping-pong.

   Il installe l'________________________ de Charlotte.

3. Charlotte et Marine préparent un projet de français?

   Non, elles ________________________ un projet de français.

   Elles préparent un projet d'________________________.

4. Marine adore le volley?

   Non, elle ________________________ le volley, elle adore le ________________________.

3 Qu'est-ce qu'on dit en français?

Pläne fürs Wochenende

1. – Was machst du am Samstag? Hast du schon eine Idee? ________________________

   ____

   ____

2. – Ich weiß nicht. ________________________

3. – Das ist kein Problem. Wir haben eine Verabredung mit Simon. ________________________

   ____

   ____

4. – Simon mag Volleyball. Und er surft gerne im Internet. ________________________

   ____

   ____

5. – Das ist sehr lustig. ________________________

   ____

6. – Also, bis Samstag bei Simon! ________________________

   ____

   ____

4

4 L'anniversaire de Julie *(G 17, 19)*

Entourez le verbe correct et complétez les phrases avec la forme correcte.

Mme Garnier: Samedi, Julie ____________ cinq ans.	*faire/avoir*
Qu'est-ce qu'on ____________ pour son anniversaire?	*faire/avoir*
M. Garnier: Julie adore la quiche … Alors, nous ____________ une quiche.	*faire/avoir*
Charlotte: Mmmm! Est-ce que vous __________ déjà un cadeau?	*faire/avoir*
Mme Garnier: Mais oui! Nous __________ un éléphant.	*faire/avoir*
Charlotte: Ah, c'est marrant! Un copain pour Julie … et pour Babou!	
M. Garnier: Et toi, Charlotte? Tu _____ une idée pour l'anniversaire de ta sœur?	*faire/avoir*
Charlotte: Moi? J'_____ une casquette pour Julie. Et puis, je ______ un poème.	*faire/avoir – faire/avoir*
Mme Garnier: Tu _______ un poème? Super!	*faire/avoir*
Charlotte: Oui, et les copains de Julie _______ aussi une idée:	*faire/avoir*
ils _______ un rap et ils chantent le rap pour Julie!	*faire/avoir*
Papa et toi, vous ____________ des photos, d'accord?	*faire/avoir*

5 mon, ma, mes … *(G 16)*

Nach der Geburtstagsparty sucht Julie ihre Geschenke.
*Complétez avec **mon, ma, mes/ton, ta, tes/son, sa, ses.***

LEÇON 5

d'abord

1 Le verbe *aller* *(G 21)* *→ nach d'abord, S. 44*

a *Verbindet die Pronomen **(je, tu, ...)** mit der passenden Verbform.*

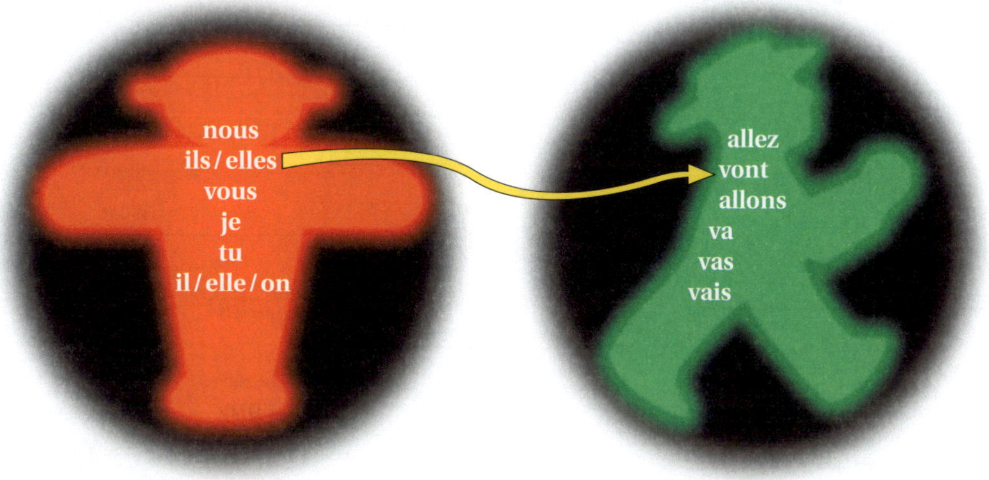

Ihr wollt gleich weitermachen? Stopp! Überprüft erst eure Antworten! Wo könnt ihr die Lösung finden?

b *Deckt die Ampelmännchen jetzt zu und schreibt die Formen von **aller** aus dem Gedächtnis auf:*

je ____________ nous ____________

tu ____________ vous ____________

il / elle / on ________ ils / elles ________

c *Lisez et cochez la forme correcte. (Lest und kreuzt die richtige Verbform an.)*

– **Tu** ☐ vais ☐ allez ☐ vas **où?**

– **Je** ☐ vont ☐ vais ☐ va **à Paris.**

– **Et Pierre et Farid, ils** ☐ allons ☐ vont ☐ vais **où?**

– **Ils** ☐ vont ☐ vais ☐ allons **à Toulon.**

– **Et Charlotte et toi, vous** ☐ allons ☐ va ☐ allez **où?**

– **Nous** ☐ vais ☐ allons ☐ allez **chez Marine.**

2 On va … (G 22) → nach d'abord, S. 44

Ordnet die Wörter zu.

appartement parc hôpital infirmerie
toilettes cantine école ~~gymnase~~
collège cinéma supermarché cuisine

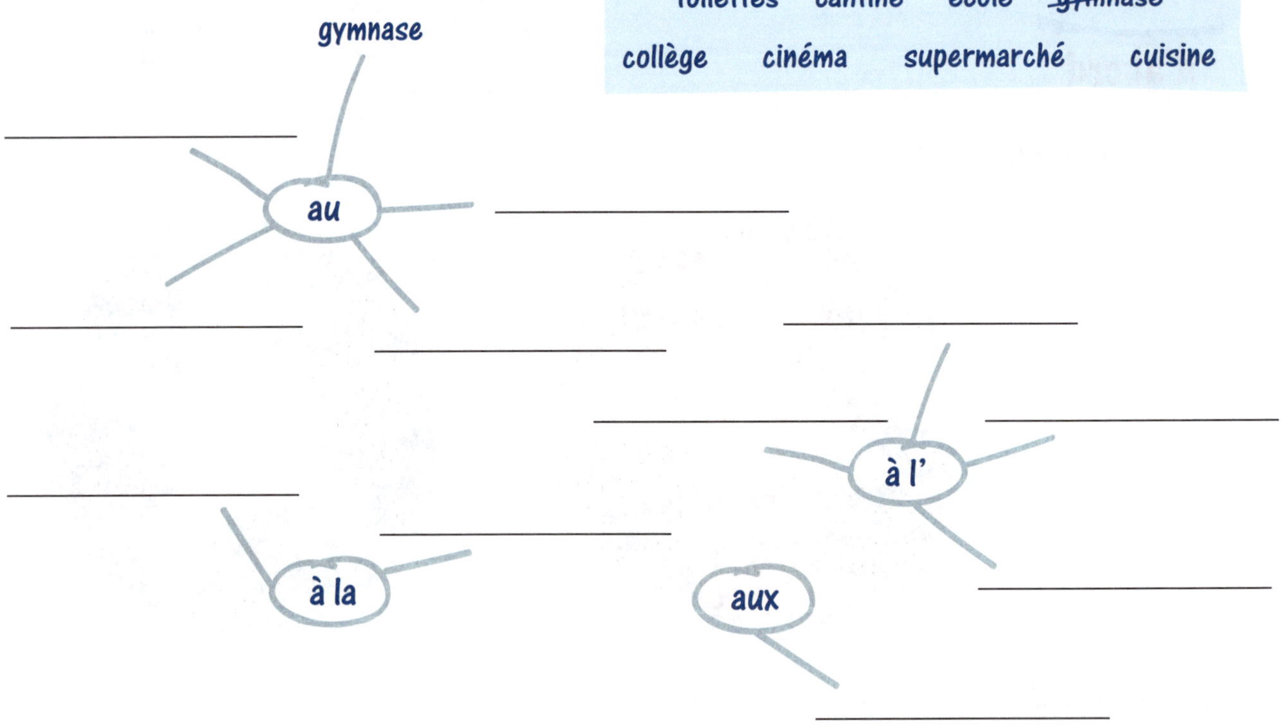

atelier A

VOC 3 Au collège Maurice Ravel → *nach SB Ü 1, S. 46*

a *Complétez les phrases.*

1. Dans la classe de Charlotte, il y a trente-trois é l è v e s.
2. Nicolas regarde son __________ d u __________.
3. Après les __________, ils ont une heure d'__________ et deux heures de __________.
4. A midi, les élèves arrivent à la __________.
5. Après, Charlotte __________ le collège à Nicolas.
6. Ils vont à la __________ vidéo, au gymnase, à l'__________ et au CDI.
7. Au CDI, il y a dix __________.
8. Mme Lacour, c'est la __________.
9. Marine fait ses __________ au CDI?
10. Mais non! Elle a rendez-vous avec Simon devant l e __________ … Chut!

b *Regardez dans le livre page 45 et contrôlez vos solutions.*

VOC 4 Et Mme Lacour? *(G 22) → nach SB Ü 2, S. 46*

Mme Lacour va où?
Ecrivez des phrases avec ***au, à la, à l', aux*** *et trouvez la solution (die Lösung).*

1. Charlotte va ________ _ _ _ _ _ _ _ (1).
2. Nicolas va ________ _ _ _ _ _   _ _ _ _ _ (2).
3. Farid va ________ _ _ _ _ _ _ _ _ _ _ (3).
4. Marine va ________ _ _ _ _ _ _ _ _ _ (4, 5).
5. Pierre va ________ _ _ _ _ _ _ _ (6, 7).
6. M. Fischer va ________ _ _ _.
7. Et Mme Lacour? Elle va ________ _ _ _ _ _ _ _ (1 2 3 4 5 6 7).

b *Benennt eine oder mehrere Person(en) und zeigt auf einen beliebigen Ort. Fragt, wohin sie geht/gehen. Euer Partner soll dann antworten. Wechselt euch ab.*

5 On va où? *(G 21, 22) (Tandembogen im Annexe, S. 116) → nach SB Ü 3, S. 46*

6 Des éléphants *(G 23) → nach SB Ü 4, S. 47*

33

a *Ecoutez. Klammert dabei die Zahlenendungen, die ihr nicht hört, ein.*

dix – dix casquettes   huit – huit BD   six – six garçons

b *Ecoutez. Est-ce qu'il y a une liaison?*

Cochez les mots ***avec liaison****. (Kreuzt an, wo eine Bindung gemacht wird.)*
Exemple: trois‿ordinateurs

☐ un chien	☐ un hôpital	☐ dix casquettes
☐ deux chambres	☐ deux quiches	☐ six éléphants
☐ deux éléphants	☐ deux exemples	☐ trois appartements
☐ huit cahiers	☐ six cartons	
☐ six ordinateurs	☐ huit élèves	

5 ▽ **7 Les nombres** *(G 23) → an beliebiger Stelle*

Welche Zahlen befinden sich auf ***beiden*** *Karten? Kreist sie ein und schreibt sie neben die Karten.*

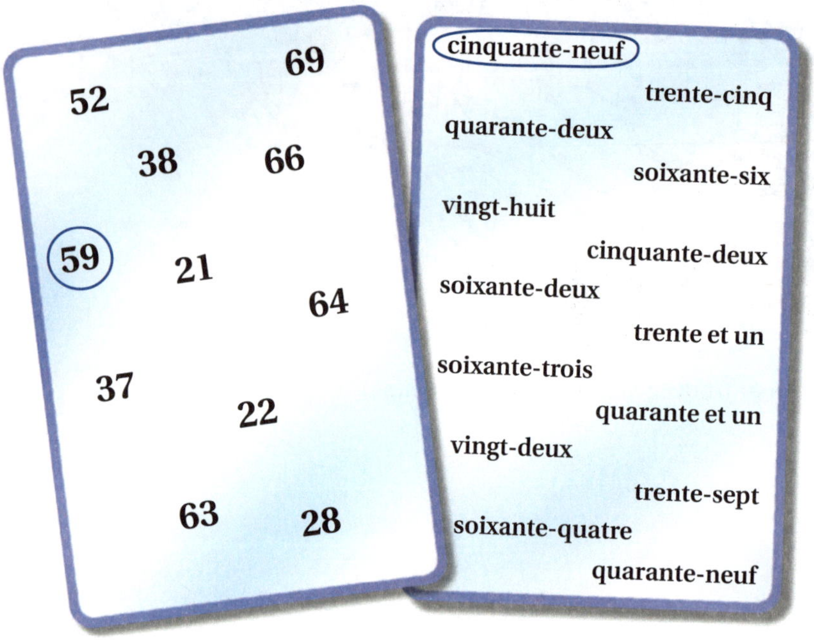

Exemple:

59: cinquante-neuf

____

____

____

____

____

____

____

8 On fait des maths! *(G 23) → nach SB Ü 5, S. 47*

a *Calculez.(Rechnet.)*

Exemple:

Anna: Vingt plus deux?
Florian Vingt plus deux, ça fait vingt-deux.
Anna: C'est correct!
Florian: Quatorze moins[1] cinq?
Anna: Quatorze moins cinq, ça fait …

20	+	2	=	22
vingt	plus	deux	ça fait	vingt-deux
14	–	5	=	
quatorze	moins	cinq	ça fait	
69	–	57	=	…
6	+	21	=	…
37	–	14	=	…
18	–	7	=	
26	+	33	=	
55	+	11	=	
…	…	…	…	

b *Continuez.*

1 **moins** [mwɛ̃] minus

9 Le numéro de Marine → *nach SB Ü 6, S. 47*

a *Le téléphone sonne. M. Garnier va au téléphone. Trouvez le bon ordre (die richtige Reihenfolge) et écrivez le dialogue. Ecrivez le numéro de Marine en chiffres (in Zahlen).*

☐ Charlooootte! Téléphone! C'est Nicolas.

☐ Euh … non, le français, ce n'est pas un problème … Mais … est-ce que tu as le numéro de Marine?

☐ C'est le zéro un … quarante-deux … cinquante-cinq … soixante-trois.

☐ Alors, qu'est-ce qu'il y a, Nicolas?

[1] Allô?

☐ Je cherche … euh … est-ce que tu as …

☐ … les devoirs de français? C'est ça?

☐ Salut, Nicolas! Ça va?

☐ Super! Merci, Charlotte. Alors, à demain!

☐ Ça va.

☐ Bonjour, monsieur! C'est Nicolas Dupont. Est-ce que Charlotte est là?

☐ Euh … à demain, Nicolas!

M. Garnier: Allô? ____________________

Nicolas: ____________________

____

M. Garnier: ____________________

Charlotte: ____________________

Nicolas: ____________________

Charlotte: ____________________

Nicolas: ____________________

Charlotte: ____________________

Nicolas: ____________________

____

Charlotte: ____________________

Nicolas: ____________________

Charlotte: ____________________

b *Lisez le dialogue. (Lest den Text mit verteilten Rollen.)*

△ **c** *Faites un dialogue et jouez.*
Erstellt einen ähnlichen Dialog und spielt ihn. Markiert zunächst die typisch französischen Sätze aus dem abgedruckten Gespräch und benutzt sie dann für euren eigenen Text.

5

10 Ton collège → *an beliebiger Stelle*

a *Erstellt einen Steckbrief zu eurer eigenen Schule und eurer eigenen Klasse. Ihr könnt Fotos oder Zeichnungen hinzufügen. Übertragt diesen Steckbrief in euer Portfolio.*

Mon collège

Nom du collège: ____________________

____

Adresse: ____________________

____

Dans mon collège, il y a:

- une salle vidéo
- un gymnase

...

Dans ma classe, il y a ____________________ élèves.

atelier B

11 Il est 15 h 15. *(G 24) → nach SB Ü 1, S. 49*

34

Ecoutez les dialogues deux fois et complétez.

1. Il est 12 h 30.
2. Il est ___ h ___
3. Il est ___ h ___
4. Il est ___ h ___
5. Il est ___ h ___
6. Il est ___ h ___

12 h 00 Il est **midi**.

24 h 00 Il est **minuit**[1].

12 Il est quelle heure, s'il te plaît? *(G 24) (Bastelbogen II) → nach SB Ü 1, S. 49*

Bastelt jetzt eure eigene Uhr. Beschriftet die Rückseite wie auf der Zeichnung.
Stellt nacheinander acht verschiedene Zeiten ein.
Fragt euch abwechselnd: «Il est quelle heure, s'il te plaît?»

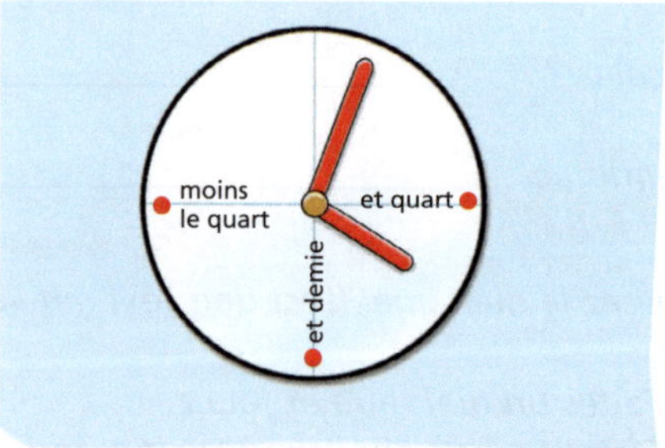

1 **minuit** [minɥi] Mitternacht

13 L'après-midi de Marine et de Simon *(G 24) → nach SB Ü 2, S. 49*

Complétez avec les mots.

collège | maison | va | ~~emploi du~~ temps | infirmerie

A  regarde Marine son ?

1. A deux heures et demie, Marine regarde son emploi du temps.

A  à l'infirmerie. elle ?

2.

A  reste elle à l' ?

3.

A  les élèves rentrent à la ?

4.

A  est devant le ? Marine

5.

Et Simon?

△ 14 L'alibi de ? → *nach SB Ü 5, S. 50*

Charlotte und ihre Freunde erzählen, was sie am Samstag vorhaben.

a *Lest alle Aussagen durch.*

b *Prüft, wer wohin und mit wem geht. Findet heraus, wer lügt!*

Charlotte
A trois heures et quart, je vais au parc avec Marine et Pierre.
A cinq heures et demie, je fais mes devoirs avec Nicolas.

Marine
A trois heures et quart, je vais au parc avec Charlotte et Pierre.
A cinq heures et demie, je regarde des photos avec Pierre.

David
A trois heures et quart, je vais au parc avec Nicolas.
A cinq heures et demie, je regarde des photos avec Farid.

Nicolas
A trois heures et quart, je surfe sur Internet avec Farid.
A cinq heures et demie, je fais mes devoirs avec Charlotte.

Pierre
A trois heures et quart, je vais au parc avec Charlotte et Marine.
A cinq heures et demie, je regarde des photos avec Marine.

Farid
A trois heures et quart, je surfe sur Internet avec Nicolas.
A cinq heures et demie, je vais au supermarché.

VOC 15 Dominos *(Bastelbogen III a) → an beliebiger Stelle*

5

16 En français: Rendez-vous sur Internet → *nach SB Ü 5, S. 50*

Ecrivez les questions et les phrases en français.

Du chattest im Internet mit deinem französischen Brieffreund. **Du schreibst ihm, …**

… dass du am Samstag zu Hause bleibst. Samedi, je reste à la maison.

… dass du am Dienstag ins Kino gehst. ______________________________

… und dass du gerne im Internet surfst! ______________________________

Du fragst ihn, …

… was er am Samstag macht. Qu'est-ce que tu fais samedi?

… ob er sich am Sonntagvormittag ein Fußballspiel ansieht. ______________________________

____

… ob er am Montag zu seiner Freundin geht. ______________________________

… was er am Dienstagnachmittag macht. ______________________________

____

… ob er am Mittwoch zur Schule geht. ______________________________

… ob er am Freitag zu einem Karaoke-Abend geht. ______________________________

____

17 C'est gagné! → *an beliebiger Stelle*

Könnt ihr die folgenden Fragen aus dem Gedächtnis beantworten?
Wenn nicht, sucht die Antworten im Schülerbuch oder lest die Lösungen unten mithilfe eines Spiegels.

1. Marine va au cinéma avec …	a) Nicolas. b) David.	c) Farid. d) Simon.	500 €
2. La documentaliste s'appelle …	a) Mme Libri. b) Mme Garnier.	c) Mme Lacour. d) Mme Ravel.	1.000 €
3. Marine n'aime pas …	a) le cinéma. b) les idées de David.	c) les CD. d) les quiches.	5.000 €
4. La 5eA a deux heures de français dans la salle …	a) 31. b) 51.	c) 41. d) 61.	10.000 €
5. Le parc de Léo, c'est …	a) le parc Orfila. b) le parc Gambetta.	c) le parc de la Chine. d) le parc Debrousse.	25.000 €
6. Qui installe l'ordinateur de Charlotte?	a) Pierre b) Marine	c) Julie d) Farid	50.000 €
7. Continuez: seize / trente et un / vingt-quatre / trente-neuf / trente-deux / quarante-sept / quarante / ???	a) trente-trois b) quarante-quatre	c) cinquante-cinq d) soixante-six	100.000 €
8. Où sont les cinq cartons?	a) dans le salon b) dans le couloir	c) dans la cuisine d) dans la chambre de Charlotte	250.000 €
9. Qui va à Toulon avec Manon?	a) Rémi b) Naomie	c) Julie d) Kiki	500.000 €
10. Simon Brunet n'aime pas …	a) la musique. b) le volley.	c) le foot. d) le cinéma.	1.000.000 €

Lösungen: 1 d; 2 c; 3 b; 4 d; 5 d; 6 a; 7 c; 8 b; 9 a; 10 c

auto-contrôle

1 à + article *(G 22)*

*Complétez avec **à, au, à la, à l', aux**.*

1. Mardi matin, M. Renaud va ________ supermarché.
2. Mercredi matin, il va ________ hôpital.
3. Jeudi matin, il est ________ parc.
4. Vendredi après midi, il va ________ cinéma.
5. Samedi, il rentre ________ maison. Il va vite ________ toilettes.
6. Il habite dans le quartier Gambetta ______ Paris.

2 Vocabulaire

Complétez.

1. Marine a mal à la tête. Alors, elle va à ____ .
2. A midi, les élèves vont à ______________________ .
3. Vingt-deux et trente-neuf, ça fait ____ .
4. Mon ________________________________ est le 01.80.43.95.88.

3 Les verbes *(G 17, 19, 21)*

*Complétez avec les formes de **avoir / aller / faire**.*

1. A 7 h 30, les élèves ________ au collège.
2. Et vous, vous ________ où?
3. Après les maths, nous __________ une heure d'allemand.
4. Qu'est-ce que tu ________ à midi?
5. Je ________ à la cantine.
6. Dimanche, les copains ________ des photos.
7. Ma copine et moi, nous ________________ des quiches.
8. A 16 h, Marine ______ rendez-vous avec Simon.

4 Qu'est-ce qu'on dit en français?

1. – Gehst du jetzt in die Kantine? ____
   – Ja, aber ich gehe zuerst auf die Toilette. ____
2. – Gehst du nach der Kantine in die Turnhalle? ____
   – Nein, ich gehe nach Hause. ____
3. – Ah! Bist du krank? ____
   – Ja, ich habe Kopfschmerzen. ____
4. – Wo wohnst du? ____
   – Ich wohne in der *rue Orfila*. ____
5. – Wie spät ist es? Halb fünf? ____
   – Nein, es ist Viertel vor fünf. ____

LEÇON 6

d'abord

1 Nicolas est chez Marine. *(G 25) → nach d'abord, S. 52*

*Complétez avec **notre, nos/votre, vos**.*

Mercredi, après le collège, Nicolas va chez Marine.

Marine: Voilà *ma* chambre. C'est Morgane, *ma* sœur. Et ça, c'est *mon* ordinateur.

Morgane: Ah! Une minute, Marine! Ce n'est pas *ta* chambre, mais notre__________ chambre.

Et ça, c'est ______________ ordinateur!

Nicolas: Euh … Elle est cool, ______________ chambre! Et ______________ ordinateur aussi, il est super!

Et où sont ___________ CD-ROM?

Morgane: ___________ CD-ROM sont là, dans le carton. Et voilà ______________ jeu-vidéo[1],

«Le match d'Astérix et d'Obélix».

Nicolas: C'est cool! On fait un match, Marine?

Marine: Oui. Mais d'abord, nous faisons ___________ devoirs, non?

Morgane: Marine, où sont ___________ BD?

Marine: ___________ BD? Mais elles sont aux toilettes!

Nicolas: Et où sont ___________ toilettes? Vite!!

! Prüfe zuerst:
Steht das Nomen im Singular oder im Plural?

2 Farid est à Leipzig. *(G 25) → nach d'abord, S. 52*

*Complétez avec **leur** ou **leurs**.*

Cher Julien,

Je suis à Leipzig chez mon correspondant Christoph. Je vais au collège de Christoph et de son copain, Andreas. Ils sont déjà en 4e. ___________ collège, la "Sophie-Scholl-Gesamtschule", est sympa. Et ___________ profs? Bof … ça va. Mais M. Wagner, ___________ prof de français, est super! Dans ___________ classe, il y a vingt-quatre filles et six garçons! J'aime ___________ emploi du temps: L'après-midi, ils rentrent à la maison à une heure et quart. Ils font vite ___________ devoirs, et puis, ils vont chez ___________ copains. C'est cool, non?

A+[2], Farid.

Julien Leconte
177, avenue Gambetta
F-75020 Paris
FRANCE

1 **un jeu-vidéo** Videospiel – 2 A+ = **à plus** [aplys] bis bald

35

3 A Paris → *nach SB Ü 2, S. 53*

a *Ecrivez les noms des monuments (der Gebäude).*
b *Ecoutez le CD. Welche Sehenswürdigkeiten sehen die Touristen? In welcher Reihenfolge? Schreibt Nummern in die Kreise.*

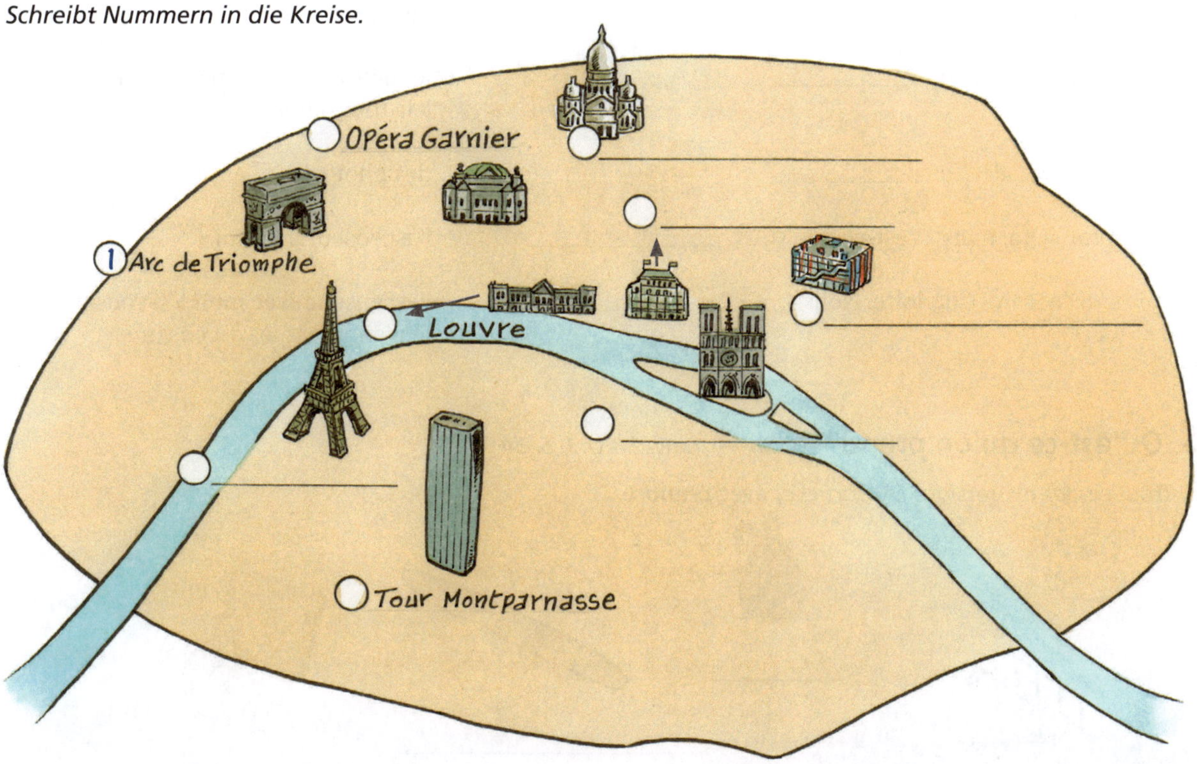

▽ 4 Le verbe *prendre* (G 26) → *nach SB Ü 3, S. 54*

a *Trouvez les formes de **prendre** avec leurs pronoms (mit ihren Pronomen).*

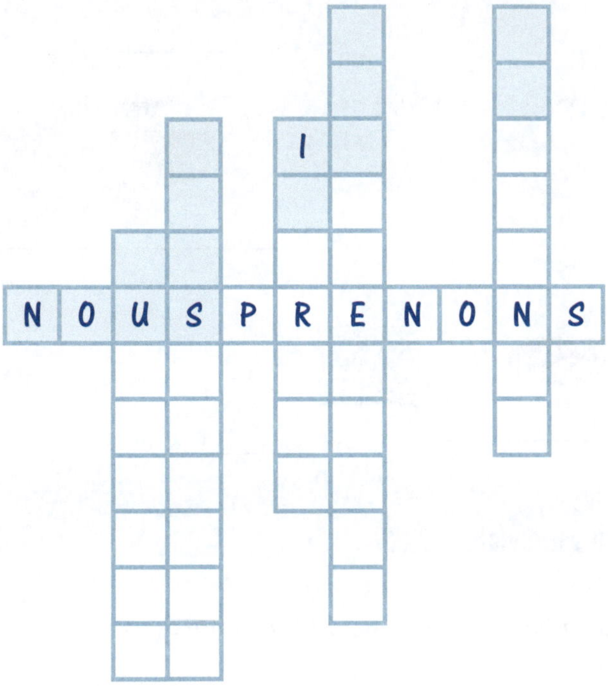

Drei Pronomen fehlen. Findet ihr sie?

1. ____________

2. ____________

3. ____________

b *Complétez avec* **prendre** *et trouvez les phrases.*

1. Pierre, Amélie, Charlotte et Nicolas prennent ______
2. *Pierre:* «Voilà la tour Eiffel. Est-ce qu'on ______
3. *Nicolas:* «D'abord, je ______
4. *Charlotte:* «Moi, je ne ______
5. *Amélie:* «Bon[1], alors tu ______
6. *Charlotte:* «Oui, mais … est-ce que vous ______
7. *Pierre:* «D'accord, Charlotte. Nous ______

- pas l'escalier! Il y a trois étages!»
- l'ascenseur, Charlotte – mais aussi nos sacs, d'accord?»
- l'escalier?»
- le métro à la station Gambetta. Ils vont à la tour Eiffel.
- des photos!»
- l'ascenseur avec toi.»
- l'ascenseur avec moi? S'il vous plaît! Je n'aime pas les ascenseurs!»

VOC **5 Qu'est-ce qu'on prend?** *(G 26) → nach SB Ü 3, S. 54*

a *Trouvez des expressions (Ausdrücke) avec* **prendre.**

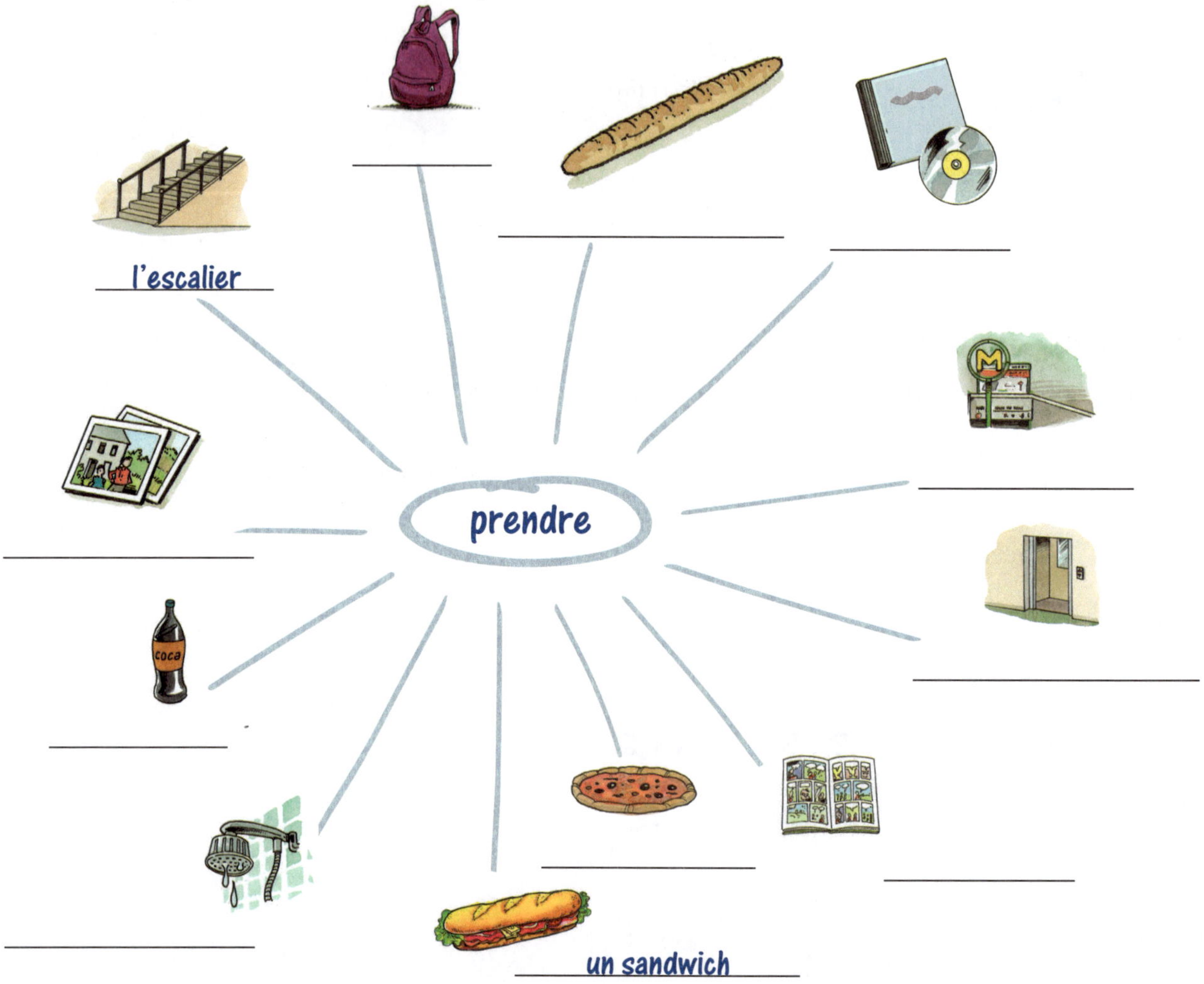

△ **b** *Choisissez six expressions avec* **prendre**. *Puis, écrivez des phrases (avec* **je, tu,** *…) dans votre cahier.*
Exemple: Je prends une photo de ma copine. Tu … *Continuez.*

1 **bon** [bõ] – *hier:* ok

6 Nos corres de Rostock *(G 25) → nach SB Ü 4, S. 54*

Complétez avec ***notre, nos/votre, vos*** *und* ***leur, leurs.***

1. Les correspondants de Rostock sont à Paris. Mais maintenant, la 5^{e}A a une heure d'allemand.

   M. Fischer: «Charlotte, Marine, vous avez rendez-vous avec _________ correspondantes à 14 h 30, devant la salle vidéo».

2. Il est 14 h 30: Charlotte et Marine montrent _________ collège à Friederike et Anna.

   Charlotte: «Ça, c'est ____________ cantine. Et maintenant, on va au CDI.»

3. Au CDI, Nicolas et Pierre font ____________ devoirs pour demain.

   Marine: «Salut Nicolas! Salut Pierre!» – (à Friederike et Anna): «Ce sont _________ copains.»

   Nicolas et Pierre: «Salut, les filles! Hallo!»

   Friederike (à Marine et à Charlotte): «Ils sont sympas, _________ copains!»

7 La machine à phrases *(Satzmaschine) (G 25) → nach SB Ü 4, S. 54*

Faites des phrases avec ***notre, nos/votre, vos/leur, leurs.***

1. Léo et Kiki cherchent leur classe.
2. ______________________________
3. ______________________________
4. ______________________________
5. ______________________________
6. ______________________________

8 En allemand et en français *(G 16, 25) → nach SB Ü 5, S. 54*

Cochez la bonne traduction (Kreuzt die richtige Übersetzung an).

1. Charlotte nimmt unsere Taschen.
   - ☐ Charlotte prend ses sacs.
   - ☐ Charlotte prend leurs sacs.
   - ☐ Charlotte prend nos sacs.

2. Farid ist in seinem Zimmer.
   - ☐ Farid est dans ta chambre.
   - ☐ Farid est dans sa chambre.
   - ☐ Farid est dans votre chambre.

3. Julie sucht ihre Freunde.
   - ☐ Julie cherche ses copains.
   - ☐ Julie cherche leurs copains.
   - ☐ Julie cherche vos copains.

4. Die Schüler bereiten ihre Fragen vor.
   - ☐ Les élèves préparent leur question.
   - ☐ Les élèves préparent leurs questions.
   - ☐ Les élèves préparent vos questions.

5. [In der Bäckerei] Herr Garnier, hier ist Ihre Quiche!
   - ☐ M. Garnier, voilà votre quiche!
   - ☐ M. Garnier, voilà leurs quiches!
   - ☐ M. Garnier, voilà notre quiche!

atelier B

VOC 9 Des devinettes *(Rätsel) → nach Texteinführung*

Qui est-ce?

1. Je suis une église. Je suis à Montmartre.
   Je suis le ______________________

2. Je suis une place. Je suis la place des peintres et des touristes.
   Je suis la ______________________

3. Je suis un quartier. Chez moi, il y a le Sacré-Cœur.
   Je suis ______________________

4. J'ai un ascenseur et un escalier! Et j'ai une terrasse avec une vue super sur la tour Eiffel.
   Je suis la ______________________

▽ 10 Vrai ou faux? *(Richtig oder falsch?) → nach SB Ü 1, S. 56*

vrai	faux	
☐	☐	1. Après leur visite de la Samaritaine, les copains vont à Notre-Dame.
☐	☐	2. Sur la place du Tertre, il y a des touristes et des musiciens.
☐	☐	3. Un portrait, ça fait 40 euros.
☐	☐	4. Nicolas prend une photo de ses copains.
☐	☐	5. La boulangerie de la rue du Renard est super.

11 Safari-photos à Paris *(G 27) → nach SB Ü 3, S. 56*

a *Complétez avec* ***de la, de l', du, des.***

1. Dans le quartier ________ centre Pompidou, Anna a rendez-vous avec Marine, sa correspondante ________ collège Maurice Ravel. Anna prend une photo ________ musiciens[1].
2. Les deux copines ont faim. Elles prennent un sandwich à la boulangerie ________ rue du Renard. Anna prend une photo ________ boulangerie.
3. Puis, à Montmartre, Anna prend une photo ________ place du Tertre – et ________ touristes!
4. Anna et Marine vont à la Samaritaine. Anna prend une photo ________ magasin.
5. A la tour Eiffel, Anna prend une photo ________ escalier.
6. Maintenant, Marine prend une photo ________ tour Eiffel avec Anna.

12 Nicolas, Pierre et les filles! *(G 22, 27) → nach SB Ü 3, S. 56*

▽ **a** *Was wird aus* ***à + le/les*** *und* ***de + le/les****?*

au

____

____

____

b *Complétez.*

Die folgende Übung ist leicht, wenn du die Artikel der Wörter kennst. Du bist dir nicht ganz sicher? Dann schlage in der Wörterliste im Schülerbuch nach!

C'est mardi. Nicolas et Pierre vont ________ CDI.

Mais où est la documentaliste ________ collège? Mme Lacour est ________ toilettes?

Sur Internet, Nicolas et Pierre cherchent le programme[2] ________ cinémas ________ quartier.

Ils regardent la page ________ cinéma «Le Gambetta».

Mercredi après-midi, ils ne vont pas ________ école. Ils ont rendez-vous avec Isabelle, une copine ________ classe 4ᵉC.

Jeudi soir, ils vont ________ école, ________ soirée karaoké avec Amélie.

Et samedi? Ils vont ________ cinéma avec Marine et Charlotte!

1 **un musicien** ein Musiker – 2 **le programme** das Programm

13 Devant le Centre Pompidou → *vor Texteinführung*

36

Ecoutez et cochez la bonne réponse.

1. Nicolas et ses copains arrivent à la station
   - «Gambetta».
   - «Les Halles».
   - «Pigalle».

2. Ils cherchent
   - un supermarché.
   - une boulangerie.
   - un magasin.

3. Charlotte prend
   - une baguette.
   - un poulet.
   - un sandwich.

4. Pierre prend
   - une quiche et un coca.
   - une quiche.

5. Ça fait
   - 8 euros.
   - 10 euros.
   - 18 euros.

14 Et maintenant, qu'est-ce qu'on fait? → *nach SB Ü 2, S. 57*

*Choisissez **une situation** (wählt **eine Situation** aus) et écrivez un dialogue.*

1

Nicolas et Charlotte ont rendez-vous devant le collège.

avoir faim | *chercher une boulangerie* | *avenue Gambetta*

Nicolas: Salut Charlotte! On va au cinéma?
Charlotte: …

2

Farid et Pierre sont à la Samaritaine. Ils ont un problème.

l'anniversaire d'Amélie | *chercher un super cadeau* | *cher!*

Farid: Samedi, c'est l'anniversaire d'Amélie. Tu as une idée pour son cadeau?
Pierre: …

15 Dominos *(Bastelbogen III b)* → *nach SB Ü 3, S. 58*

16 Qu'est-ce que tu dis? → *nach SB Ü 3, S. 58*

Antwortet zustimmend oder ablehnend auf die Vorschläge.

1. On va chez Simon? C'est son anniversaire.
   - ☹ Non. Je n'ai pas envie.
   - ☺ Ça, c'est une idée!
2. La vue est super, non? Tu prends une photo?
   - ☹ ____________________
   - ☺ ____________________
3. On va au cinéma samedi? Il y a un film d'Astérix.
   - ☹ ____________________
   - ☺ ____________________
4. Tu prends un coca?
   - ☹ ____________________
   - ☺ ____________________
5. A la tour Eiffel, vous prenez l'escalier?
   - ☹ ____________________
   - ☺ ____________________

17 Rallye à Paris *(G 5, 19, 26, 16, 25) (Spielkarten: Bastelbogen IV a)* → *an beliebiger Stelle*

Ihr braucht einen Würfel, zwei Spielfiguren (z.B. Münzen) und den Paris-Plan auf der Seite 87 als Spielfeld. Schneidet die Karten auf dem Bastelbogen IV a aus.

Start ist bei Sacré-Cœur. Wer als erster beim Eiffelturm ankommt und (mindestens) drei rote und **drei blaue** Karten gesammelt hat, gewinnt!

Und so funktioniert's:
Ihr würfelt abwechselnd und rückt eure Spielfiguren entsprechend der Augenzahl vor. Wenn Spieler A auf ein rotes oder **blaues** Feld kommt, wird die entsprechende Karte von Spieler B vorgelesen.

A gibt die Antwort, und B überprüft, ob sie richtig ist. Wenn ja, gibt er A die Karte. Wenn nicht, kommt die Karte unter den Stapel. Ihr dürft auch **rückwärts** ziehen, um auf die roten oder blauen Felder zu kommen!

Versucht, möglichst viel Französisch zu sprechen!

Exemple:
A [würfelt]: Cinq! Alors, un – deux – trois – quatre – cinq. C'est la question 1-bleu.
B [liest die Karte vor]: Alors … la question 1-bleu: «**prendre**: je prends, tu …»
A Ah oui! Tu … prends, il prend, nous prenons, vous prenez, ils prennent.
B [prüft die Lösung]: Oui. C'est ça. Voilà la carte. [gibt A die Karte]
C'est à moi maintenant. [würfelt] Quatre! Alors, …

18 stratégie Lire[1], comprendre et écouter → nach SB Ü 4, S. 58

VOC **a** *Lest zunächst den Text einmal ganz durch und versucht zu verstehen, worum es geht (Wer? Was? Wo?). Schreibt eure Vermutungen mit Bleistift in die Lücken.*

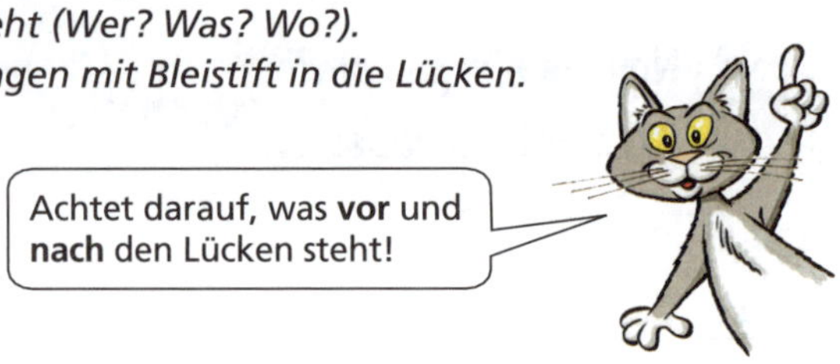

Kathrin, la correspondante de Malika, est à ________________, dans le ________________ Gambetta. Malika habite dans le quartier avec sa mère et sa sœur Sophie.

Jeudi après-midi, Kathrin, Malika et Sophie vont dans un grand ________________, la Samaritaine. Les filles prennent l'ascenseur et vont sur la ________________. Elles adorent la vue super sur ________________!

Puis, les copines vont à la ________________ de métro. Et elles vont à la ________________ du Tertre.

Kathrin: Et maintenant? Qu'est-ce qu'on fait, Malika?

Malika: On va au ________________? Il y a «Astérix et Cléopâtre»!

Kathrin: D'accord! C'est super pour mon français!

Sophie: Mais j'ai faim! On va d'abord à la ________________, d'accord?

Les filles prennent trois sandwichs et trois quiches. Mmm! Et maintenant, elles vont au ________________.

Mais zut! Il y a déjà cinquante personnes devant le cinéma! Et le jeudi, il n'y a pas «Astérix et Cléopâtre»! Alors, les copines prennent leur pique-nique[2] au ________________ Debrousse.

S 37 **b** *Maintenant, écoutez le CD et corrigez.*

1 **lire** [liʀ] lesen – 2 **un pique-nique** [ɛ̃piknik] ein Picknick

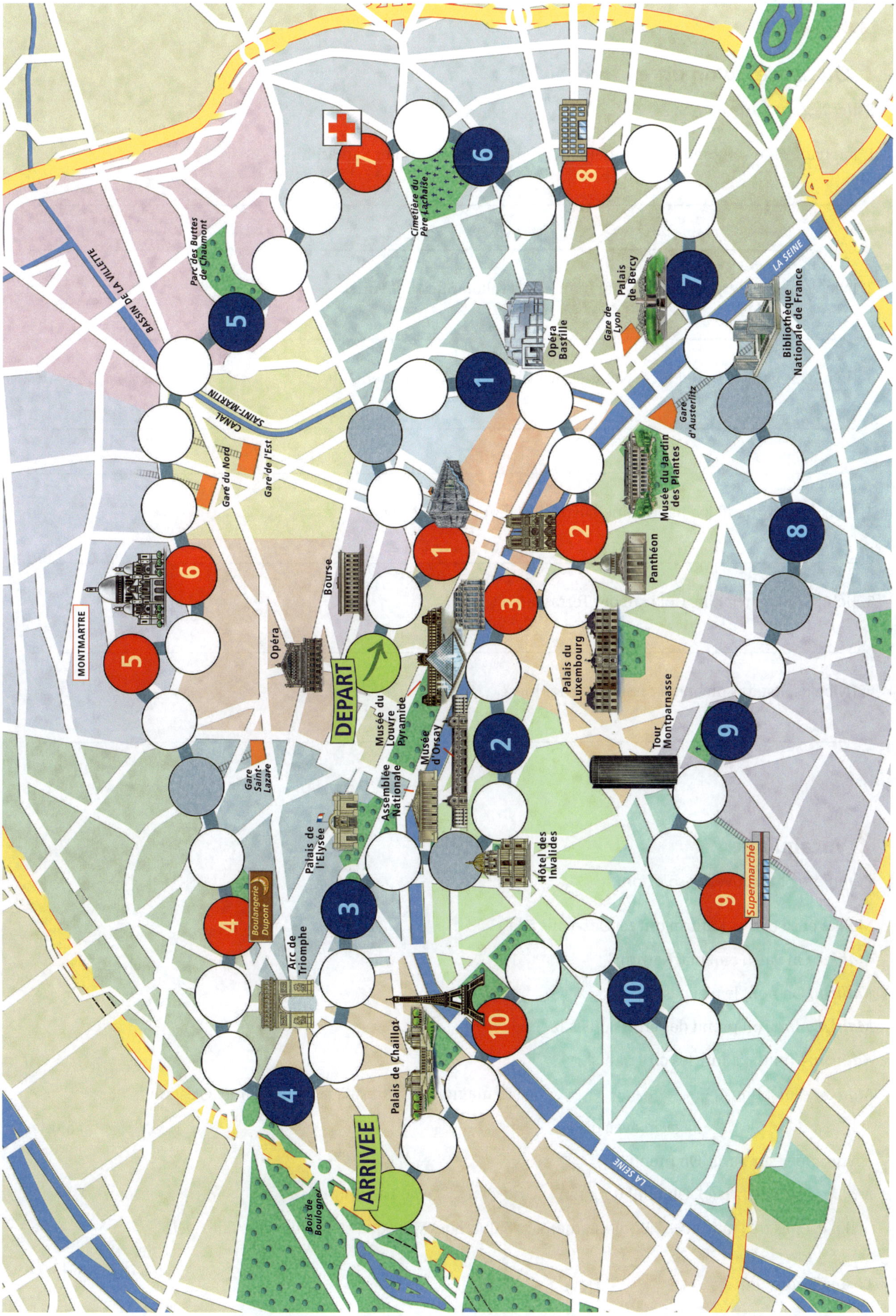
DEPART
ARRIVEE
MONTMARTRE
Opéra
Bourse
Gare du Nord
Gare de l'Est
Gare Saint-Lazare
CANAL SAINT-MARTIN
BASSIN DE LA VILLETTE
Parc des Buttes de Chaumont
Cimetière du Père Lachaise
Opéra Bastille
Gare de Lyon
Palais de Bercy
LA SEINE
Bibliothèque Nationale de France
Gare d'Austerlitz
Musée du Jardin des Plantes
Panthéon
Palais du Luxembourg
Tour Montparnasse
Supermarché
Hôtel des Invalides
Musée d'Orsay
Musée du Louvre Pyramide
Assemblée Nationale
Palais de l'Elysée
Boulangerie Dupont
Arc de Triomphe
Palais de Chaillot
Bois de Boulogne

6

auto-contrôle

1 Qu'est-ce qu'on dit en français?

Unterwegs in Paris

1. Ich habe eine Verabredung mit meinem Freund Nicolas vor der Samaritaine.

____

____

2. [Nicolas:] Von der Terrasse aus hat man einen tollen Blick auf Paris!

____

3. [Ich:] Das ist eine [gute] Idee. Nehmen wir die Treppe? Wir haben Zeit.

____

____

4. [Nicolas:] Hör auf! Ich habe keine Lust. Ich nehme den Aufzug.

____

5. [Ich:] Trinken wir eine Cola auf der Terrasse?

____

6. [Nicolas:] Ist das nicht ein bisschen teuer hier?

____

2 Vocabulaire

Complétez et trouvez la solution!

Malika et sa corres Kathrin ont rendez-vous à la _ _ _ _ _ [2] _ Gambetta.

Malika: On va au cinéma, Kathrin?

Kathrin: Oh non! Je n'ai pas [6] _ _ _ _. J'ai faim, moi!

Malika: Alors, on prend des croissants à la _ _ _ _ _ [7] _ _ _ _ _!

Kathrin: Mmm, j'adore les croissants!

Malika: Alors: Bon _ _ [4] _ _ _ _! Et maintenant, on va à la Samaritaine. C'est un _ _ _ _ [8] magasin avec dix _ _ _ _ [10] _! De la _ _ _ [9] _ _ _ _, on a une vue super sur Paris. On prend l' _ _ [1] _ _ _ _ _ _.

Malika (sur la terrasse): Oh non! Il y a ma [3] _ _ _ avec Luc, mon _ _ _ [5] _. Il n'est pas très marrant … Bonjour, maman! Salut, Luc! Mais qu'est-ce que vous faites ici?

Lösungswort: [1] [2] [3] [4] [5] [6] [7] [8] [9] [10]

3 mon, notre, votre, leurs? *(G 16, 25)*

Choisissez une forme et complétez.

vos – ta – tes? 1. *Farid:* J'adore ________ copines, Amélie …

son – nos – notre? 2. *Marine et Charlotte:* Nous avons rendez-vous avec __________ copain Farid.

leurs – leur – son? 3. Les élèves rentrent à la maison: ________ prof de français n'est pas là.

son – leur – ses? 4. Pierre et ________ frère Michel vont à Montmartre.

mes – mon – ma? 5. *M. Garnier:* Vous aimez ________ quiche lorraine?

vos – votre – ta? 6. Mmm! M. Garnier, __________ quiche est super!

4 de + article *(G 27)*

Complétez.

1. Voilà Mme Lacour, la documentaliste ________ collège Maurice Ravel.
2. Ça, c'est M. Fischer, le prof d'allemand ________ 5ᵉA.
3. Oh! C'est l'emploi du temps ________ élèves!

4. Là, c'est la cantine ________ école.
5. Pierre montre une photo ________ correspondants de Rostock à Nicolas.
6. Et ça, c'est Idefix, le chien _____ prof.

Das kann ich schon!

		Klappt super!	Das muss ich noch üben!
	Nun hast du schon zwei Drittel deines Buches geschafft! Blättere die Lektionen 4, 5 und 6 im Schülerbuch noch einmal durch und schau im Inhaltsverzeichnis (S. 3 – 4) nach, was du alles gelernt hast. Ergänze nun die Liste. Rechts kannst du ankreuzen, wie fit du bist.		
Sich auf Französisch verständigen	Ich kann … … etwas über meine Freunde und ihre Hobbies erzählen. … sagen, was ich mag oder nicht mag. … Vorschläge für die Freizeit machen.		
Lerntechniken	– französische Wörter erschließen, wenn sie im Deutschen oder Englischen ähnlich sind – bei einem Hörtext die wichtigsten Informationen verstehen		
Frankreich/ französischsprachige Länder	Le collège en France: Paris:		
Am liebsten mache ich …			

Schau dir die Liste jetzt noch einmal an:
Wähle aus jedem der vier Bereiche die Einträge aus, die für dich besonders wichtig oder interessant sind.
Trage dann deine Auswahl in die zweite Etage des Eiffelturms ein.

LEÇON 7

d'abord

▽ **1 C'est facile!** *(Das ist leicht!)* *→ vor d'abord, S. 66*

VOC *Die folgenden Vokabeln aus der neuen Lektion sind im Deutschen oder Englischen ähnlich.*

a *Findet ohne Nachschlagen heraus, was die Wörter bedeuten!*

un kiwi	______________	une tomate	______________
une carotte	______________	un ananas	______________
un champignon	______________	un citron	______________
des fruits	______________	un kilo	______________
un oignon	______________	une orange	______________
une banane	______________	une pizza	______________

b *Vier Wörter sind im Französischen männlich, im Deutschen aber weiblich:*
Kreise diese französischen Wörter mit einem blauen Stift ein.

VOC **2 Le code secret**[1] *→ nach d'abord, S. 66*

Der folgende Code sagt euch, wohin eure nächste Mission euch führen wird. So könnt ihr ihn knacken: Findet die Wörter und kreist in jeder Reihe das Wort ein, das nicht zu den anderen passt.

a TOMATECAROTTEOIGNONANANASCHAMPIGNON

b TENNISROLLERSVOLLEYFOOTINTERNET

c MUSIQUERECHERCHEHISTOIREFRANÇAISGEOGRAPHIE

d POMMEBANANEPOULETCITRONORANGE

e SUPERMARCHENOTREDAMESACRECOEURTOUREIFFEL

Die gesuchten Wörter sind:

a ______________ d ______________

b ______________ e ______________

c ______________

Wenn ihr nun die fünf Anfangsbuchstaben richtig ordnet, findet ihr das Ziel eurer Reise: _ _ _ _ _

1 **le code secret** [ləkɔdsəkʀɛ] der Geheimcode

atelier A

3 On invite Charlotte → *nach SB Ü 1, S. 68*

Relisez le texte à la page 67 (lest den Text noch einmal) et corrigez les phrases.

1. Samedi matin, Amélie et sa grand-mère font ~~les devoirs~~ au marché.

Samedi matin, Amélie et sa grand-mère font les courses au marché.

2. Puis, elles chantent au supermarché.

____

3. Elles achètent un kilo d'huile, une bouteille de riz et une quiche.

____

4. Au supermarché, Amélie et sa grand-mère cherchent Charlotte.

____

5. Aujourd'hui, la mère d'Amélie fait un yassa: C'est une recette du Portugal.

____

____

6. Mme Sakho invite Charlotte lundi, à huit heures au 79 rue Belgrand.

____

____

▽ 4 Le verbe *acheter* (*G 29*) → *nach SB Ü 2, S. 68*

a *Complétez par les formes du verbe* ***acheter****.*

j'				è				
tu				è				
il / elle / on				è				
ils / elles				è				

infinitif:				e				
nous				e				
vous				e				

b *Ecrivez six phrases avec* ***acheter*** *dans votre cahier.*

Exemple: On achète des citrons.

5 stratégie Le rendez-vous → *nach SB Ü 1, S. 68*

a *Geht nach der Stratégie in der Schülerbuch-Übung 1 (S. 68) vor: Lest den Text Abschnitt für Abschnitt und notiert rechts Schlüsselwörter oder Satzteile* ***(keine ganzen Sätze!).***

1 C'est samedi après-midi.
Il est quatre heures.
Marine et Simon sont à la terrasse du café «Le Gambetta». Le serveur[1] arrive.

Serveur: Bonjour! Qu'est-ce que vous prenez?
Simon: Moi, je prends un coca.
Marine: Et moi, un jus d'orange, s'il vous plaît.

Quand? ____________________

____

Qui? ____________________

Où? ____________________

Que font Marine et Simon? ____________________

____

2 Cinq minutes après, quatre garçons entrent dans le café et prennent place à une table.
Marine: Zut! C'est David avec ses copains!
Simon: David? Qui est-ce?
Marine: C'est … euh … c'est un copain. Ecoute, Simon: on va chez ma copine Charlotte? Elle est très sympa!
Simon: Maintenant? Mais … je ne comprends pas … et mon coca, alors?
Marine: S'il te plaît, Simon!
Simon: D'accord. On va chez ta copine.

Qui arrive? ____________________

____

Où? ____________________

____

Et que font Marine et Simon? ____________________

____

3 Quinze minutes plus tard, Marine et Simon sonnent chez Charlotte.
Charlotte: Ah, salut Marine!
Marine: Salut, Charlotte. C'est Simon, un … mon copain!
Charlotte: Ton copain? Ah bon! Et David?
Marine: Chut!
Simon: Ah! Je comprends maintenant! Le garçon du café …!
Marine: Oui, mais mon copain, maintenant, c'est toi!
Charlotte: Euh … vous prenez un coca?
Simon: Ça, c'est une idée!
Marine: Et puis, on surfe sur Internet, d'accord?

Qui? ____________________

Où? ____________________

Que font les trois copains? ____________________

____

____

____

b *Maintenant, faites un résumé du texte dans votre cahier. Utilisez:* ***tout à coup, alors, puis.***

Samedi après-midi, à quatre heures, Marine … *Continuez.*

▽ 6 Mémory *(Bastelbogen IV b) → an beliebiger Stelle*
VOC

1 **le serveur** [ləsɛʀvœʀ] der Kellner

7

7 Ça fait combien? *(G 30) → nach SB Ü 3, S. 68*

38

Ecoutez les dialogues et répondez.

Scène 1

1. Un kilo d'oranges, ça fait combien? – Ça fait ___________ € le kilo.
2. Cinq kilos de pommes, ça fait combien? – Cinq kilos de pommes, ça fait ___________ €.
3. Un ananas, ça fait combien? – Ça fait ___________ €.

Scène 2

4. Un kilo d'oignons et deux kilos de tomates, ça fait combien? – Ça fait ___________ €.
5. *Le vendeur:* «Et voilà ___________ centimes. Merci, madame.»

Scène 3

6. Les champignons, ça fait combien? – Ça fait ___________ € le kilo.
7. Le client achète combien de kilos de champignons? – Il achète ______________ de champignons.

VOC

8 En français: Au marché *→ nach SB Ü 6, S. 69*

Du bist in Frankreich auf dem Markt. Was sagst du, wenn …

1. … du an der Reihe bist? ________________________________
2. … du ein Kilo Äpfel und zwei Kiwis möchtest?
   ____
3. … du wissen willst, was ein Kilo Bananen kostet?
   ____
4. … dir das zu teuer ist? ________________________________
5. … du sonst nichts mehr kaufen möchtest? ________________________________
6. … du wissen willst, was du bezahlen musst?
   ____

VOC 9 M. Garnier fait les courses. *(G 28) → nach SB Ü 5, S. 69*

a *Complétez.*

Les Garnier sont en vacances.[1] Aujourd'hui, M. Garnier fait les courses chez M. Berthot.

M. Garnier prend d'abord  un kilo de riz et  ____________________ d'huile.

M. Berthot: Et avec ça, monsieur?

M. Garnier: Je voudrais des tomates.

M. Berthot: Combien de kilos, monsieur?

M. Garnier: Euh ...  deux kilos de tomates,
et  ____________________.
Ah, et puis aussi  ____________________.

M. Berthot: C'est tout, monsieur?

M. Garnier: Non. Je voudrais aussi des fruits pour le dessert.

M. Berthot: Mes fruits sont super! J'ai  des ____________________,
 ____________________,  ____________________,
et  ____________________!

M. Garnier: Alors, je prends  ____________________
et  ____________________. Ça fait combien?

M. Berthot: Alors, le riz 1,90 €, l'huile 3,85 €, les tomates 4,70 €, les carottes 0,85 €, les oignons 1,10 €, les pommes 1,95 € et les 4 kiwis 1 €. Ça fait ...?

A vous: Ça fait combien? Ça fait ____________________!
quinze euros trente-cinq

b *Spielt den Dialog: Jeder wählt eine der beiden Rollen.*
▽ *Als Gedächtnisstütze könnt ihr euch Stichworte auf eine Karteikarte schreiben!*

c *Verteilt die Rollen:*
△ *Der Käufer schreibt einen Einkaufszettel.*
Der Verkäufer notiert, was er zu welchem Preis anbietet.
Improvisiert ein Einkaufsgespräch mit einem kleinen Gag!

---

1 **en vacances** [ɑ̃vakɑ̃s] im Urlaub

VOC 10 Qu'est-ce que c'est? → *nach Texteinführung*

1. Au marché, Mme Sakho dit: « ? , monsieur. Mais c'est à moi!»
2. Un kilo de tomates, s'il vous plaît! – Ça fait quatre ? !
3. Amélie et sa grand-mère font les ? au marché.
4. Dans une ? de fruits, on met des pommes, des bananes et des kiwis.
5. Au supermarché, Amélie ? Charlotte.
6. Mme Sakho prépare un yassa pour dimanche ? .
7. Mme Sakho ? Charlotte pour le yassa au poulet.

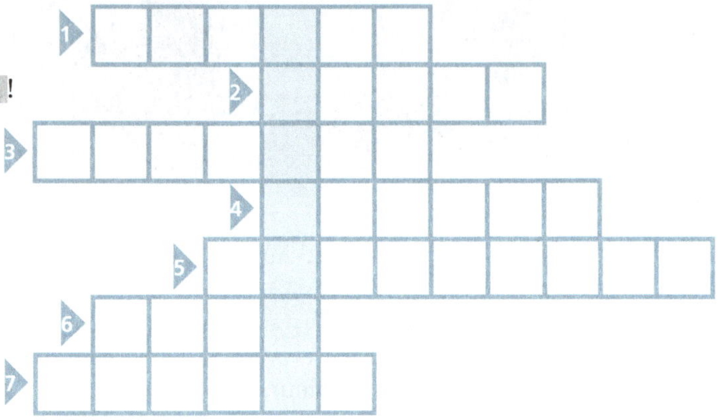

Lösungswort: Mme Sakho fait une salade de fruits comme ________________.

11 Le verbe *mettre* (*G 31*) → *nach SB Ü 3, S. 70*

a *Complétez.*

je ________________ nous ________________

tu ________________ vous ________________

il/elle/on ________________ ils/elles ________________

b *Das Verb* ***mettre*** *hat verschiedene Bedeutungen. Traduisez (übersetzt) les phrases.*

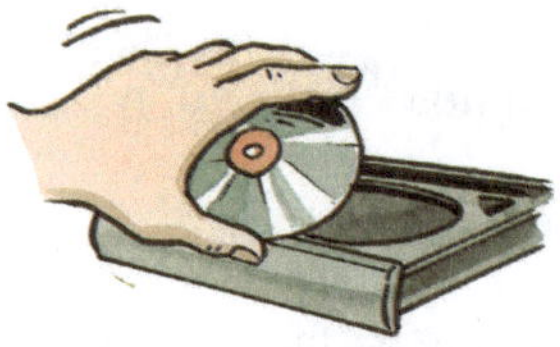

1. Mme Sakho met le poulet dans la marinade.

____

2. Amélie met la salade de fruits sur la table.

____

3. Pierre met un CD de rap.

____

4. Charlotte met un pull.

____

12 un peu de, beaucoup de, combien de? *(G 28) → nach SB Ü 2, S. 70*

Verbindet zuerst die passenden Satzteile mit Linien. Schreibt dann die Sätze in euer Heft!

1. Au marché, Mme Sakho: «Je voudrais …
2. Au supermarché, Amélie achète …
3. Amélie: «Mamie, dans le yassa, on met …
4. Pour la marinade, Mme Sakho met aussi …
5. Amadou a très faim. Il prend …

combien
un peu
une bouteille
beaucoup
deux kilos

de
d'

tomates!»
huile.
citrons?»
poivre.
yassa.

atelier C

13 Chez les Sakho *→ nach Texteinführung*

Relisez le texte 7 C et répondez. Ecrivez des phrases.

1. Qui est Mme Sakho? C'est … ______________________
2. Qui est chez Mme Sakho? ______________________
____
3. Qu'est-ce que Mme Sakho apporte? ______________________
4. Qu'est-ce qu'Amadou fait pour avoir des super notes à l'école? ______________________
5. Et Amélie? ______________________
6. Qu'est-ce que Mme Sakho a pour Charlotte? ______________________
____
7. Qu'est-ce que Charlotte fait alors? ______________________
8. Le porte-bonheur de Charlotte, c'est pour ______________________
____

14 Pierre invite ses copains. *(G 29, 32, 33) → nach SB Ü 3, S. 72*

Complétez avec acheter *, préférer* *, manger*  *et écrivez le dialogue dans votre cahier.*

Pierre: Maman, qu'est-ce qu'on  pour demain soir? Charlotte, Farid et Amélie arrivent à sept heures.

Sa mère: Et tes copains, ils  avec nous?

Pierre: Ben oui!

Sa mère: Alors, j'  des pizzas au supermarché, d'accord?

Pierre: Ah, non, Amélie et Charlotte  les quiches. Et moi aussi!

Sa mère: Alors, nous  six quiches.

Pierre: Et qu'est-ce que nous  comme dessert?

Sa mère: Moi, je   une salade de fruits.

Pierre: Et nous, nous  tes crêpes[1]! Maman, s'il te plaît, tu fais des crêpes pour nous?

1 **une crêpe** [ynkʀɛp]

15 En français: Chez les correspondants → *vor SB Ü 4, S. 72*

Du bist Gast in einer französischen Familie.

Was sagst du, wenn …
1. du ein schönes Geschenk bekommst?

____

2. du jemandem einen guten Appetit wünschst?

____

3. dir das Essen schmeckt?

____

4. du jemandem ein schönes Wochenende wünschst?

____

△ 16 Après le collège → *an beliebiger Stelle*

♡ *Qu'est-ce que tu fais après le collège? Ecris (schreibe) cinq phrases dans ton cahier.*
Utilise: ***d'abord, déjà, mais, puis, souvent, …*** *etc.*
Puis, lisez vos textes en classe.

Voilà des idées:

rentrer à la maison

aller dans ma chambre

aller au cinéma

surfer sur Internet

prendre un coca

rester à la maison

rencontrer mes copains

faire mes devoirs

manger une pizza/un sandwich

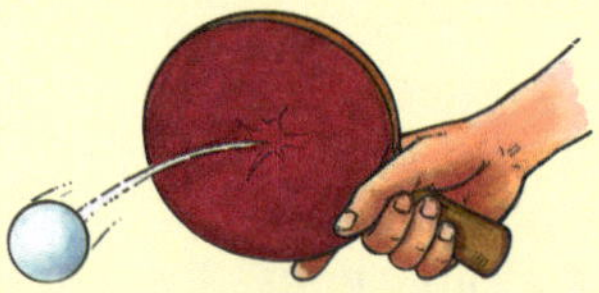

faire un match de ping-pong/de foot/…

auto-contrôle

1 Qu'est-ce qu'on dit en français?

Beim Einkaufen

C'est à qui maintenant?
Ich bin dran. Ich hätte gerne eine Ananas.

C'est à ... ______________________________

Et avec ça?
Was kosten die Bananen?

____

1,95 € le kilo.
Dann nehme ich ein Kilo Bananen.

____

C'est tout?
Nein. Ich möchte noch drei Zitronen.

____

Voilà les citrons. Et avec ça?
Das ist alles. Was macht das?

____

Voilà. 5 € l'ananas, 50 centimes les citrons et 1 € 95 les bananes. Ça fait 7 € 45.
Hier sind 10 Euro.

____

Et voilà 2 € 55. Merci.
Auf Wiedersehen und bis bald.

____

2 Un kilo de … *(G 28)*

Complétez avec ***kilo(s) de, bouteille de, beaucoup de, un peu de****.*

Mme Costa fait les courses. D'abord, elle va au marché. Elle achète un ananas, un ______________ pommes, deux ______________ bananes, un ______________ oranges et quatre kiwis. C'est pour une salade de fruits. Elle achète aussi un poulet. Puis, Mme Costa va au supermarché et achète une ______________ huile, un ______________ riz et deux baguettes.

A la maison, elle prépare des quiches. Elle met un ______________ sel, un ______________ poivre et un ______________ huile. Elle fait ______________ quiches: Aujourd'hui, sa fille Léa invite cinq copines. Elles adorent les quiches!

3 Les verbes *acheter, préférer, mettre* *(G 29, 31, 33)*

Complétez.

acheter

j' ______________________

tu ______________________

il/elle/on ______________________

Les copains ______________________ un cadeau d'anniversaire.

– Et qu'est-ce que vous ______________________ comme cadeau?

– Nous ______________________ une BD d'Astérix.

préférer

tu ______________________

nous ______________________

ils/elles ______________________

M. Garnier adore les champignons, Mme Garnier ______________________ les carottes.

Mon frère adore le ping-pong, mais moi, je ______________________ le roller.

Nous aimons la quiche, mais vous ______________________ la pizza, non?

mettre

nous ______________________

vous ______________________

ils/elles ______________________

– Qu'est-ce que tu ____________ dans la salade de fruits?

– Moi, je ____________ des kiwis, des pommes et des oranges. Ma mère ____________ aussi un peu de jus de citron dans la salade de fruits.

LEÇON 8

d'abord

▽ 1 On va au cinéma? *(G 21) → vor d'abord, S. 74*

*Complétez avec les formes du verbe **aller**.*

1. *Farid:* Salut, Pierre! Salut, Julien!

   Vous ________ où?

2. *Pierre:* Nous ____________ au gymnase.

3. *Farid:* Et Marine et Charlotte, elles ________ où?

4. *Pierre:* Elles ________ au supermarché.

   Et toi, tu _______ où?

5. *Farid:* Moi, je _______ au cinéma.

2 La 5^{e}A va organiser une fête. *(G 34) → nach d'abord, S. 74*

Qu'est-ce que les élèves vont faire pour la fête?
*Complétez avec les formes du verbe **aller + infinitif**.*

faire — apporter — acheter — faire — inviter — préparer — acheter

1. *Julien:* «Moi, je ________ ______________ des CD.»

2. Amélie et Charlotte ________ __________ la liste des courses.

3. *Nathalie et ses copines:* «Nous __________ __________ les courses.»

4. «Pierre et Maxime, vous __________ ________________ la salle?»

5. «Malika, tu _______ ____________ les profs?»

6. Luc et Nicolas __________ ______________ des bouteilles de coca.

7. *Marc:* «Moi, je ________ ______________ des fruits.»

atelier A

3 L'invitation → *nach SB Ü 1, S. 75*

Ecrivez l'histoire (die Geschichte) dans votre cahier avec les mots suivants (mit den folgenden Wörtern):

~~discuter devant le collège~~ | arriver | inviter Charlotte | la fête du club de roller | samedi soir | commencer à sept heures | dommage | avoir rendez-vous | téléphoner à | inviter les copines de Charlotte

Les copains discutent devant le collège. Un peu plus tard, Charlotte ... *Continuez.*

4 Mais non, maman! *(G 34) → nach SB Ü 3, S. 76*

Amina Boutal besucht am Wochenende ihre Freundin Claire in Paris. Ihre Mutter ist sehr besorgt …
Ecrivez les phrases à la forme négative (mit Verneinung).

1. faire la rando roller vendredi soir
2. aller à Montmartre le soir
3. rentrer trop tard
4. prendre l'escalier à la tour Eiffel
5. aller au cinéma avec les copains de Claire

Exemple: 1. *Mme Boutal:* Dis donc, tu **ne** vas **pas** faire la rando roller vendredi soir, non?
Amina: Mais non, maman, je **ne** vais **pas** faire la rando roller vendredi soir.

2. *Mme Boutal:* Dis donc, __________

Amina: Mais non, maman, __________

3. *Mme Boutal:* __________

Amina: __________

4. *Mme Boutal:* __________

____

Amina: __________

____

5. *Mme Boutal:* __________

____

Amina: __________

____

▽ 5 Quand est-ce qu'on va inviter Malika? *(G 35, 36) → nach SB Ü 5, S. 76*

Findet das richtige Fragewort!

1. ______________ est-ce que vous allez faire la fête? – Au club de roller, rue Belgrand.
2. ______________ est-ce que votre fête va commencer? – A huit heures.
3. ______________ est-ce que les copains vont préparer pour la fête? – Ils vont préparer une soirée karaoké.
4. ______________ est-ce qu'ils vont faire une fête? – Parce que le club a dix ans.

6 En français: Encore des questions! *(G 34, 35, 36) → nach SB Ü 5, S. 76*

Ecrivez les questions et utilisez le ***futur composé****.*

Du triffst einen französischen Freund und möchtest wissen, …

1. … was er am Samstagabend macht. Qu'est-ce que tu vas … ______________

____

2. … ob er ins Kino gehen wird. Est-ce que … ______________

____

3. … wann er seine Freunde treffen wird. ______________

____

4. … wohin er mit seinen Freunden gehen wird. ______________

____

5. … warum die Freunde am Samstagabend eine Fete machen. ______________

____

7 Je ne suis pas d'accord! *(Tandembogen im Annexe, S. 117) → nach SB Ü 5, S. 76*

▽ 8 Après la fête → nach SB Ü 1, S. 79

a Charlotte pense encore à la fête … Est-ce qu'elle rêve?
Lisez les phrases. C'est vrai ou c'est faux?

vrai	faux	
		1. Pierre, Charlotte et les copains du club discutent et dansent.
		2. Sébastien arrive avec ses copains.
		3. Marie discute avec Pierre.
		4. Sébastien est un copain de Pierre.
		5. Sébastien apporte un verre de coca à Pierre.
		6. La rando roller du samedi soir commence à huit heures.
		7. Sébastien invite Marie.
		8. Marie est la copine de Sébastien.

b *Ecrivez l'histoire dans votre cahier (8 phrases).*

Aujourd'hui, le club de roller a dix ans: C'est la fête! Charlotte, …

9 Faites vos devoirs. (G 37) → nach SB Ü 3, S. 80

Was sagt der Lehrer zu einem Schüler, was sagt er zu allen?

Va au gymnase.
aller au gymnase

____
résumer le texte

____
corriger l'exercice

____
chercher un correspondant sur Internet

____

____
écouter le texte

____
chanter le rap

____
prendre le cahier de français

____
faire les devoirs de maths

VOC 10 Le coup de foudre → *an beliebiger Stelle*

Charlotte schreibt Sébastien eine SMS. Entschlüsselt sie.

____

____

____

____

____

____

11 Est-ce que le prof est cool? → *nach SB Ü 4, S. 80*

39

a *Ecoutez le texte et cochez la bonne case (das richtige Kästchen).*

	Oui	Non
1. Est-ce que les élèves aiment le français?	☐	☐
2. Est-ce que les élèves préparent un sketch?	☐	☐
3. Est-ce que les élèves vont faire une fête?	☐	☐

b *Ecoutez le texte encore une fois et répondez aux questions:*

1. A quelle heure est-ce que le prof de français entre dans la salle de classe?

____

2. Qu'est-ce que les élèves vont faire aujourd'hui?

____

3. Où est-ce que les élèves vont faire la fête?

____

4. Et pourquoi est-ce que les élèves aiment leur prof de français?

____

12 Ecoutez! → *an beliebiger Stelle*

40

Hört ihr eine Aufforderung (z. B. Fais tes devoirs!), eine Frage (Tu fais tes devoirs?) oder einen Aussagesatz (Ah! Tu fais tes devoirs.)? Kreuzt an.

	1	2	3	4	5	6	7	8	9	10
Aufforderung	☐	☐	☐	☐	☐	☐	☐	☐	☐	☐
Frage	☐	☐	☐	☐	☐	☐	☐	☐	☐	☐
Aussagesatz	☐	☐	☐	☐	☐	☐	☐	☐	☐	☐

13 J'adore mon frère … *(G 35, 36) → nach SB Ü 4, S. 80*

Sébastien möchte in Ruhe mit Charlotte telefonieren, aber sein kleiner Bruder stört …
Complétez les questions.

Salut, Charlotte. Ça va?

Sébastien, ____________________ tu téléphones à Charlotte?

Parce que!

____________________ tu as rendez-vous avec Charlotte?

Ben oui!

C'est d'accord pour *samedi soir*, Charlotte?

____________________ tu as rendez-vous avec Charlotte?

Et ____________________ tu vas rencontrer Charlotte?

Alors, à huit heures, *devant le club de rollers* – Oui, c'est mon frère. Il a cinq ans. Et il n'est pas marrant …

Théooo, ____________________ tu fais là? Arrête!

Je regarde tes photos …

VOC 14 stratégie Französische Originaltexte verstehen *→ an beliebiger Stelle*

Unterstreicht alle Wörter, die ihr versteht. Schreibt sie mit der deutschen Bedeutung in euer Hausheft.

Votre programme télé du samedi 26 mai **Câble et satellites**

TF1	FRANCE 2	EUROSPORT	CANAL J
13.00 Journal **14.30 Reportages** Magazine présenté par Claude Carré **15.05 Inspecteur Derrick** Série allemande avec Horst Tappert **15.50 Vidéo gag**	**13.00 Journal** **13.20 Météo** **13.30 Les grandes énigmes de la science.** Documentaire **14.05 Le secret de l'Airbus 647 Paris–Montréal** Téléfilm franco-canadien	**13.15 Tennis** Finale dames – en direct de Roland Garros **15.30 Eurosport** Résultats sportifs de la journée **16.00 Football** Quarts de finale de la Coupe de France: Nantes – Monaco	**14.55 Titeuf** Dessin animé **15.15 Sister, sister** Série américaine **15.45 Cybergirl** **16.10 Les malheurs de Sophie** Série française

auto-contrôle

1 Qu'est-ce qu'on dit en français?

Trouvez la bonne réponse.

Richtig reagiert!

1. Ein Freund sagt dir, dass er nicht mit dir ins Kino kommen kann.

a ☐ J'ai soif. b ☐ Comme ça. c ☐ C'est dommage.

2. Du wirst zu einer Fete eingeladen.

a ☐ Dis donc! b ☐ Mais que faire? c ☐ Merci pour l'invitation.

3. Du wirst gefragt, ob du eine Freundin / einen Freund hast.

a ☐ Pourquoi est-ce que tu demandes ça? b ☐ J'ai faim. c ☐ Bof!

4. Deine Freundin fragt dich, warum du so viele Fragen stellst.

a ☐ C'est sympa. b ☐ Comme ça. c ☐ Ben oui!

5. Du freust dich auf eine geplante Reise nach Paris und sagst:

a ☐ Ça va être super! b ☐ C'est dommage. c ☐ C'est gentil.

6. Du weißt nicht, was du in einer bestimmten Situation tun sollst. Was fragst du?

a ☐ Pourquoi ça? b ☐ C'est dommage? c ☐ Mais que faire?

2 On va aller à Paris! *(G 34)*

La 5^{e}B du collège Colbert à Toulouse va aller à Paris. Qu'est-ce que les élèves vont faire?
Faites des phrases au futur composé.

1. Mathieu – prendre –  Mathieu va prendre des photos.

2. Thomas et Sébastien – regarder –  .

____

3. Marine et Morgane – faire –  : «Nous ______________________________ .»

4. Julie – prendre –  : «Je ______________________________

à la  ______________________ .»

5. «Et vous, Luc et Marie? Est-ce que vous – prendre –  ______________________ à la station Gambetta?»

3 Les questions *(G 35, 36)*

Complétez les questions.

1. – ______________________ les copines vont faire une rando roller? – Oui, c'est ça.
2. – ______________________ elles vont commencer la rando? – Devant la tour Eiffel.
3. – ______________________ la rando va commencer? – Samedi après-midi, à quatre heures.
4. – ______________________ elles vont acheter pour la rando? – Des chips et des bouteilles de coca.
5. – ______________________ elles vont faire la rando? – Parce que c'est l'anniversaire de Marie.
6. – ______________________ elles vont inviter des garçons? – Ben oui!

4 Vocabulaire

Complétez avec:

dis donc | numéro de portable | voudrais bien | e-mail | l'invitation | commence | téléphone à | parce que | parents

Isabelle ______________ Malika.

– Demain soir, je vais faire une fête ______________ mes ______________ ne sont pas à la maison! Tu as le temps?

– Une fête! C'est super! Merci pour ______________ !

Quand est-ce que ça ______________ ?

– A huit heures. Je ______________ inviter Pierre aussi.

______________ , tu as son ______________ ?

– Non, mais j'ai son adresse ______________: cyberpierre@wanadoo.fr

– Super! Merci et à demain.

LEÇON 9

▽ 1 La potion magique[1] *(G 38) → nach Texteinführung*

*Ecrivez les formes de **vouloir** et de **pouvoir** avec leurs pronoms dans votre cahier.*

> **!**
> *Bei **vouloir** und **pouvoir** gibt es Formen mit «eu» und auch welche mit «ou».*
> *Prägt euch ein, welche Personalformen (je, tu, ...) das jeweils sind!*

2 Oui, je veux bien! *(G 38) → nach SB Ü 4, S. 83*

*Vous écrivez les formes avec **«eu»** ou **«ou»**? Complétez les verbes.*

1

Charlotte rencontre Farid et Pierre au parc Debrousse.

Charlotte: Salut les copains! Vous v __ __ lez manger une glace?

Farid: Une glace? Nous v __ __ lons bien, mais nous ne p __ __ vons pas tout de suite ...

Pierre: Ah! Gagné! Maintenant, je p __ __ x manger une glace avec toi, Charlotte!

Farid: Zut!

2

Aujourd'hui, Jean fait une fête. A sept heures, Nicolas arrive.

Jean: Salut, Nicolas! Entre. Mais où sont Charlotte et Amélie? Et Farid?

Nicolas: Elles ne p __ __ vent pas venir[2] parce que leurs parents ne v __ __ lent pas. Et Farid v __ __ t bien venir, mais il ne p __ __ t pas arriver avant huit heures. Si tu v __ __ x, je p __ __ x encore téléphoner à Isabelle et Malika.

3

Amélie rencontre Rémi à la cantine du collège.

Amélie: Salut, Rémi! Dis donc, demain soir, il y un film au cinéclub du collège. Tu v __ __ x regarder le film avec moi?

Rémi: Ah, c'est dommage! Je voudrais bien, mais je ne p __ __ x pas. J'ai déjà rendez-vous avec Marie.

1 **la potion magique** [posjɔ̃maʒik] der Zaubertrank – 2 **venir** [vəniʀ] kommen

3 Il y a un problème? → nach SB Ü 5, S. 84

*Complétez avec les formes de **vouloir** ◎ et de **pouvoir** ✶ et trouvez la fin des phrases. Puis, écrivez les phrases dans votre cahier.*

1. Julie et sa copine ◎__________ aussi visiter le Parc Astérix. Mais elles ne ✶__________ pas …
2. Tu ◎__________ aller au cinéma avec moi demain? – Non, je ne ◎__________ pas …
3. Rémi ◎__________ acheter un ordinateur. Mais il ne ✶__________ pas …
4. Nous ◎__________ faire un match de foot au parc. Mais nous ne ✶__________ pas …
5. Vous ◎__________ aller à la rando roller vendredi? – Oui! Mais nous ne ✶__________ pas …

parce que

… nous n'avons pas le temps: nous avons beaucoup de devoirs.

… leurs parents ne sont pas d'accord.

… la rando commence trop tard.

… c'est trop cher.

… je n'aime pas le film.

4 Ecoutez: Ouf ou zut? → nach SB Ü 6, S. 84

41

a *Quelle scène (A, B, C ou D) va avec quel dessin (1, 2, 3 ou 4)?*

1 Scène

2 Scène

____

3 Scène

4 Scène

____

____

VOC **b** *In allen vier Situationen drücken Leute Gefühle aus (z. B. Erleichterung, Begeisterung, Enttäuschung). Schreibt unter die Zeichnungen die Worte und Ausdrücke, mit denen sie das tun.*

5 Astérix et ses copains sur Internet → an beliebiger Stelle

Cherchez des informations sur Internet: Utilisez un moteur de recherche (Suchmaschine), p. ex. www.google.fr. Ecrivez les réponses dans votre cahier.

1. Astronomix, qui est-ce?
2. Et Gélatine, qui est-ce?
3. Comment s'appelle Idéfix en anglais[1]?
4. Et comment s'appellent les auteurs[2] d'Astérix?

1 **en anglais** [ɑ̃nɑ̃glɛ] auf Englisch – 2 **un auteur** [ɛ̃notœʀ] ein Autor

auto-contrôle

1 Qu'est-ce qu'on dit en français?

Trouvez les expressions qui vont ensemble.

Arrêtez!	… si tu veux.	C'est la cata!	Oui, je veux bien.	Reste cool!	Pardon! Je m'excuse.

Das ist eine Katastrophe / ein Riesenproblem.	Ja, gerne.	Entschuldigung! Tut mir Leid.	Hört jetzt mal auf!	… wenn du magst.	Jetzt reg dich nicht auf!/Bleib cool/locker!

2 Vocabulaire

Relisez le vocabulaire de la leçon 9 et complétez les phrases.

1. – Julien, j'ai faim! On ne peut pas faire notre ____________________ maintenant?

   – Mais oui, ______ tu veux, on peut manger tout de suite.

2. – Ils sont comment, tes copains? – Super! On _______________ beaucoup.

3. – Moi, je suis de Fleury. C'est un ______________ à quarante ____________________ de Paris.

4. – Ça fait 50 €, madame. – D'accord, monsieur … une minute … Mais zut! Où est mon

   _________________________ ?

5. – Julie, ne _____________ pas! On est dans un ____________! Si tu n'arrêtes pas, tu vas

   _____________ dans l'eau!

3 Vouloir et pouvoir *(G 38)*

Complétez.

1. *Marie*: Vous voul_____ aller au cinéma avec moi?

Karim: Oui, moi, je veu____ bien! Il y a un super film, non?

Anna: C'est dommage! Aujourd'hui, je ne peu____ pas: J'ai déjà rendez-vous avec Léa.

Marie: Mais ce n'est pas grave. On peu____ inviter ta copine aussi.

2. *Charlotte*: Salut Farid! Tu veu____ aller à la Samaritaine avec moi? Je cherche un CD.

Farid: Oui, d'accord! Et puis, nous pouv______ aller sur la terrasse.

Charlotte: Oui, et tu peu____ prendre des photos si tu veu____.

3. *Charlotte*: Samedi, mes parents veul______ aller au cinéma. Moi, je reste à la maison avec Julie. Si vous voul_____, on peu_____ regarder une vidéo chez moi. Tu peu____ téléphoner à Simon?

Marine: Ah oui! Je veu____ bien. Je peu____ apporter des chips, si tu veu____.

module 1

42 VOC

Une idée super (G 39) → nach SB Ü 1, S. 92

a *Lisez le texte et complétez avec les formes des verbes suivants:* ***attendre – vendre – répondre – entendre***
b *Puis, écoutez le CD et corrigez vos réponses.*

Farid a beaucoup de BD, mais il n'y a pas beaucoup de place dans sa chambre … Sa mère a une idée:

– Farid, demain, c'est le marché aux puces. Tu ne veux pas __________ tes BD d'Astérix?

Mais Farid écoute un CD. Il ne __________ pas …

– Farid! Farid! Tu n'__________ pas? Ecoute, tu peux vendre tes BD d'Astérix …

– Comment? Je n'__________ pas, maman.

– Arrête la musique, s'il te plaît! Farid, j'ai une idée: Pourquoi est-ce que tu ne __________ pas tes BD d'Astérix au marché aux puces? Comme ça, tu peux acheter le CD de Faudel.

– Ça, c'est une idée! Alors, si je __________ la BD 3 € … six BD, ça fait déjà 18 € … comme ça, je peux acheter le CD! C'est génial! Je vais tout de suite téléphoner à Pierre! Il peut __________ ses BD aussi.

Au marché aux puces du quartier, Farid et Pierre __________ les clients. Une fille regarde leurs BD.

– Est-ce que vous __________ aussi des CD?

– Non. Mais regarde nos BD d'Astérix. Nous __________ les BD 3 €.

– Ce n'est pas cher! Ah, vous avez aussi «Astérix et Cléopâtre»! Voilà 3 €.

module 2

On prépare nos sacs. (G 40) → nach SB Ü 2, S. 94

Les Garnier vont chez leur grand-mère pour le week-end. Ils préparent leurs sacs.
a *Trouvez les phrases qui vont ensemble.*
b *Markiert jeweils in dem linken Satz das Objekt und in dem rechten Satz das passende Pronomen.*

1. *Mme Garnier*: Charlotte, tu mets ton pull?	*Charlotte*: Mais oui, Julie, je les mets dans mon sac.
2. *Julie*: Charlotte, on prend les BD?	*M. Garnier*: Je les prépare tout de suite.
3. *Mme Garnier*: Qui prépare les sandwichs?	*Charlotte*: Oui, maman, je le mets tout de suite!
4. *Charlotte*: Je cherche mes CD!	*Charlotte*: Mais oui! Je veux les montrer à mamie.
5. *Julie*: On prend le train à quatre heures?	*Mme Garnier*: Il est dans notre chambre, non? Je l'apporte tout de suite.
6. *Charlotte*: Papa, on prend le jeu d'Astérix?	*Mme Garnier*: Je ne les trouve pas maintenant. Mange une pomme, Julie!
7. *Julie*: J'ai faim, moi! Où sont les bananes, maman?	*M. Garnier*: Si tu veux, on le prend. Je le mets dans mon sac.
8. *M. Garnier*: Où est le cadeau pour grand-mère?	*Julie*: Ils sont là! On les écoute tout de suite?
9. *Mme Garnier*: On prend les photos de ton anniversaire, Charlotte?	*Mme Garnier*: Mais non, ma chérie. On le prend à deux heures.

VOC **Qu'est-ce que vous avez fait dimanche?** *(G 41) → nach SB Ü 1, S. 95*

a *C'est lundi. Amélie, Charlotte et leurs copains racontent (erzählen) leur dimanche:*

1. J'ai regardé des photos.

2. ______

3. ______

4. ______

5. ______

6. ______

7. ______

8. ______

9. ______

b *A vous maintenant: Qu'est-ce qu'**ils ont fait**? Ecrivez.* *Exemple:* 1. Amélie **a regardé** des photos.

2. Charlotte et Pierre ont ...

3. ______

4. ______

5. ______

6. ______

7. ______

8. ______

9. ______

Ein Jahr Französisch liegt hinter dir! C'est super, non?
Blättere die Lektionen 7, 8 und 9 im Buch noch einmal durch und schau im Inhaltsverzeichnis nach, was du alles gelernt hast.
Ergänze die unten stehende Liste und kreuze dann rechts an, wie fit du bist.

		Klappt super!	Das muss ich noch üben!
Sich auf Französisch verständigen	Ich kann … … in Frankreich einkaufen gehen. … fragen, wie viel etwas kostet. … jemanden einladen. … fragen, wo, wann und warum etwas stattfindet.		
Lerntechniken	– einen Text mithilfe von Schlüsselwörtern zusammenfassen		
Frankreich/ französischsprachige Länder	– im Senegal spricht man auch: – ein senegalesisches Rezept: – eine sportliche Veranstaltung in Paris: – ein Freizeitpark bei Paris:		
Am liebsten mache ich …			

Schau dir die Liste jetzt noch einmal an:
Wähle aus jedem der vier Bereiche die Einträge aus, die für dich besonders wichtig oder interessant sind.
Trage dann deine Auswahl in die dritte Etage des Eiffelturms ein. Nun bist du Spitze!

Tandembogen zu Lektion 3

7 Que fait Charlotte? *(G 7, 11) → nach SB Ü 1, S. 24*

*Bevor ihr anfangt, deckt **Partner A** die rechte und **Partner B** die linke Spalte ab.*
*Partner A stellt den Zeichnungen entsprechend Fragen mit **«Que fait/Que font …?»**.*
Partner B kontrolliert die Richtigkeit der Fragen anhand der Lösungen in Klammern und gibt die Antworten.
Wechselt am Ende die Rollen und macht die Übung noch einmal. Ihr könnt die Übung auch schriftlich machen.

A	B
Exemple: 1. Que fait Charlotte? (Elle cherche Léo.)	*Exemple:* (Que fait Charlotte?) Elle cherche Léo.
2. Que … (Ils préparent des/les quiches.)	(Que font Pierre et Farid?) Ils …
3. … (Elle chante dans la douche.)	(Que fait Julie?) …
4. … (Ils cherchent un/le parc.)	(Que font M. Renaud et Kiki?) …
5. … (Elle prépare un/le poulet.)	(Que fait Mme Garnier?) …
6. … (Elles cherchent un pull/des pulls.)	(Que font Amélie et Marine?) …
7. … (Il cherche un hôpital sur le plan.)	(Que fait M. Garnier?) …

Tandembogen zu Lektion 5

5 On va où? *(G21, 22) → nach SB Ü 3, S. 46*

Verteilt die Rollen A und B und sucht euch einen französischen Vornamen aus.
Partner A deckt die rechte und Partner B die linke Spalte ab. Nun unterhaltet ihr euch.
Setzt dabei ***à, au, à la, à l', aux*** *und die Formen von* ***aller*** *ein.*
Kontrolliert euch gegenseitig mit den Lösungen in Klammern.
Dann tauscht ihr die Rollen und macht einen zweiten Durchgang!

A	B
Salut, ...! (Salut, ...! Ça va?)	(Salut, ...!) Salut, ...! Ça va?
Oui, ça va. Et toi? (Ça va.)	(Oui, ça va. Et toi?) Ça va.
Qu'est-ce que tu fais? (... Alors, on **va à la** salle vidéo. Et toi, tu **vas** où?)	(Qu'est-ce que tu fais?) J'ai deux heures d'allemand. On regarde une vidéo. Alors, on ? ? salle vidéo. Et toi, tu ? où?
Moi, je ? ? gymnase. Tu ? ? cantine à midi? (Oui, et après, je **vais au** cinéma. Et Marine et Charlotte, elles **vont** aussi **au** cinéma?)	(Moi, je **vais au** gymnase. Tu **vas à la** cantine à midi?) Oui, et après, je ? ? cinéma. Et Marine et Charlotte, elles ? aussi ? cinéma?
Non, elles ? ? parc Debrousse. (... Qu'est-ce qu'elle fait **à l'**infirmerie?)	(Non, elles **vont au** parc Debrousse.) Regarde! Voilà Charlotte. Qu'est-ce qu'elle fait ? infirmerie?
Elle montre le collège ? Nicolas. C'est un nouveau dans la 5ᵉA. (Et voilà Simon et David. Ils **vont aux** toilettes.)	(Elle montre le collège **à** Nicolas ...) Et voilà Simon et David. Ils ? ? toilettes.
Mais non, regarde, ils ? ? CDI. (Simon montre un CD **à** David.)	(Mais non, regarde, ils **vont au** CDI.) Simon montre un CD ? David.
Mais, qu'est-ce que c'est? C'est mon CD de rap!! (... On **va** vite **à la** salle vidéo!)	(Mais qu'est-ce que c'est? C'est mon CD de rap!!) Zut, la prof d'allemand! On ? vite ? salle vidéo!

Tandembogen zu Lektion 8

7 Je ne suis pas d'accord! *nach SB Ü 5, S. 76*

Der Ton macht die Musik – das gilt auch für jedes Gespräch. Mit diesem etwas anderen Tandembogen könnt ihr mit einem Partner verschiedene Stimmlagen ausprobieren und so mit der französischen Sprache spielen.

1. *Zuerst liest jeder den Dialog leise für sich, dann verteilt ihr die Rollen.*
2. *Wenn ihr nun den Text zum ersten Mal laut vorlest, achtet auf die Betonung der fett gedruckten Wörter.*
3. *Spielt jetzt mit der Stimm(ungs-)lage: Lest den Text mehrmals vor, und zwar auf verschiedene Weise: langsam, leise und ruhig oder schnell, laut und wütend. Ihr seid z.B. am Anfang sehr höflich und freundlich, werdet dann aber immer ärgerlicher. Oder einer bewahrt die Ruhe, während der andere sich furchtbar aufregt. Natürlich könnt Ihr euch auch andere Varianten ausdenken: supercool, ängstlich, traurig, …*
4. *Nicht nur mit der Stimme, auch mit eurem Gesicht und eurem Körper könnt ihr eine Menge ausdrücken! Probiert es einfach aus. Viel Spaß!*

A	B
Salut, Julien!	Salut, Pierre! Ça va?
Non, ça ne va pas.	Ah! Et pourquoi ça ne va pas?
J'organise la fête du club de foot, et il y a **beaucoup** de problèmes.	Ah, je comprends! Parce que **moi aussi**, j'organise la fête! Mes copains vont préparer la salle.
Mais non! Tes copains vont faire les **courses**. Isabelle et Malika vont préparer la salle.	Non! Isabelle et Malika vont préparer **les salades**. Et Maxime va acheter le coca.
Non, non! Maxime ne va pas acheter le coca. Il va apporter **ses CD**.	Oh, non! Maxime ne va pas apporter ses CD. Luc et ses copains vont apporter **leurs CD**.
Non, je ne suis pas d'accord. Je n'aime pas les CD de Luc et de ses copains. Moi, je vais faire **un karaoké**.	Non! Pas d'accord! **Moi**, je vais faire le karaoké et je vais inviter Marine et ses copines.
Non, non et non! Je **déteste** les copines de Marine. Je vais inviter **Isabelle** et ses copines.	Je ne suis pas d'accord. Alors, je vais organiser **ma** fête pour **mes** copains.
Et moi, je vais organiser **ma** fête avec **mes** copains. La fête va commencer vendredi soir à huit heures.	Et ma fête va commencer **samedi** soir à **neuf** heures. Au revoir!
Salut.	

Lösungen der Auto-contrôle-Übungen

Hier findest du die Lösungen zu den Auto-contrôle-Übungen. Wenn du noch Fehler gemacht hast, schau dir die Tipps in der rechten Spalte an.

LÖSUNGEN | **TIPPS**

LEÇON 1 auto-contrôle (S. 20)

1 Qu'est-ce qu'on dit en français?

1. – Salut! – Bonjour!
2. – Je m'appelle … – Comment tu t'appelles?
3. – Qui est-ce? – C'est Kiki. Et voilà Léo.
4. – Ça va? – Merci, ça va!
5. – Salut! – Au revoir!

Du erinnerst dich nicht mehr genau?
- Lies noch einmal den **Text** „Léo et Kiki" und den **On-dit-Kasten** „Salut, ça va?" im Schülerbuch. Oder:
- Wiederhole die Ausdrücke mit deinen **Karteikarten** aus der Schülerbuch-Übung 5.

2 un/une

1. Léo est **un** chien.
2. Pierre est **un** copain, et Amélie est **une** copine.
3. Voilà **un** poulet et **une** quiche.

Mehr als ein Fehler?
Schau die Nomen *chien*, *copain*, *copine*, *poulet* und *quiche* in den **Vokabeln zur Leçon 1** (S. 121) an und schreibe sie mit dem Artikel un / une in dein Hausheft.

LEÇON 2 auto-contrôle (S. 32)

1 un, une/le, la, l'

1. Voilà **une** casquette. C'est **la** casquette de Farid.
2. Voilà **un** sac. C'est **le** sac de Kathrin.
3. Voilà **un** plan. C'est **le** plan de Silke.
4. Voilà **une** école. C'est **l'**école de Charlotte.

Lerne neue Vokabeln immer mit dem **unbestimmten Artikel un** oder **une**. Dann weißt du sofort, ob das Wort männlich oder weiblich ist – auch dann, wenn es mit Vokal beginnt!

2 Vocabulaire

un pull, **une** banane, **une** orange, **une** BD, **un** sac, **un** garçon

Welches Wort war am schwierigsten für dich? Finde eine **Eselsbrücke**, mit der du es dir besser merken kannst. Z. B. **Gamal / Gabriel / Gunnar** est un **garçon**. (Achte auf den Akzent!)

3 Le verbe *être*

1. Je **suis** à Paris. 2. Silke, tu **es** de Berlin, non? 3. Charlotte **est** la copine d'Amélie. 4. Nous **sommes** dans le quartier Gambetta. 5. Vous **êtes** aussi à Paris? 6. Pierre et Farid **sont** dans le parc Debrousse.

Lerne den folgenden **être-Reim** auswendig:
Je suis, tu es, il est,
Marine est de Calais.
Nous sommes, vous êtes, ils sont
à Paris avec Manon.

4 Qu'est-ce qu'on dit en français?

1. Est-ce qu'il y a un supermarché dans le quartier?
2. L'école, c'est où sur le plan?
3. L'école est là.
4. Et qu'est-ce que c'est? Un hôpital?
5. D'accord.
6. Gagné! C'est cool!

Nimm die deutschen Sätze und die französischen Lösungen auf. Mache beim Aufnehmen nach den deutschen Sätzen immer eine Pause. Wenn du nun die Sätze abspielst, sprichst du den französischen Satz in die Pause hinein und hörst ihn anschließend.
Übe so oft, bis du alle Sätze kannst.

LEÇON 3 auto-contrôle (S. 51–52)

1 Les verbes en *-er*

tu trouves	nous **trouvons**	**trouver**	finden
je **prépare**	**ils/elles** préparent	préparer	**vor-/zubereiten**
il **aime**	**vous** aimez	**aimer**	lieben / mögen
tu **détestes**	vous **détestez**	détester	**gar nicht mögen**
je **chante**	**nous** chantons	**chanter**	singen
elle **cherche**	elles **cherchent**	chercher	**suchen**
on **écoute**	**ils/elles** écoutent	**écouter**	hören / zuhören
tu entres	nous **entrons**	**entrer**	eintreten
j'installe	**vous** installez	**installer**	etwas anschließen

Schreibe die drei Verben, die du am wenigsten gut behalten kannst, auf Karteikarten und **kreise** jeweils die **Endungen** rot **ein**.

2 Les articles

1. **l'**anniversaire, 2. **la** chambre, 3. **les** copains, 4. **une** table, 5. **la** table, 6. **un** carton, 7. **le** carton, 8. **un** éléphant, 9. **L'**éléphant, 10. **un** cadeau, 11. **un** poulet, 12. **Les** copains, 13. **le** poulet, 14. **la** mayonnaise, 15. **une** baguette, 16. **des** bananes, 17. **des** oranges, 18. **un** match

Unbestimmter oder bestimmter Artikel?
un, une, des nimmst du, wenn der Gegenstand / die Sache nicht bekannt oder näher bestimmt ist. *le, la, l', les* nimmst du, wenn es eine nähere Bestimmung gibt («l'anniversaire **de** Julien») oder du den Gegenstand bereits aus einem vorigen Satz kennst («Il y a une table. C'est **la** table de Julien.»)

LÖSUNGEN

3 Vocabulaire

1. un appartement, 2. un couloir, 3. un salon, 4. une cuisine, 5. une chambre;
1. un ordinateur, 2. installer, 3. Internet, 4. un CD-ROM

4 Qu'est-ce qu'on dit en français?

1. Je cherche un cadeau d'anniversaire. 2. Tu cherches un CD de rap? 3. Je déteste le rap. 4. Joyeux anniversaire! 5. Zut! Où sont Léo et Minette? 6. Est-ce qu'ils sont dans la douche?

LEÇON 4 auto-contrôle (S. 67–68)

1 Vocabulaire

le copain – la copine; le garçon – la fille; le salon – la cuisine; le dimanche – le samedi; le/la prof – l'élève; la musique – le karaoké; le ping-pong – le foot; l'Allemagne – la France

2 ne ... pas

1. Non, **elles ne cherchent pas** l'hôpital Tenon. Elle cherchent **un supermarché**. 2. Non, il **n'installe pas** la table de ping-pong. Il installe l'**ordinateur** de Charlotte. 3. Non, elles **ne préparent pas** un projet de français. Elles préparent un projet d'**allemand**. 4. Non, elle **n'adore pas** le volley, elle adore le **cinéma**.

3 Qu'est-ce qu'on dit en français?

1. Qu'est-ce que tu fais samedi? (Est-ce que) tu as déjà une idée?
2. Je ne sais pas.
3. Ce n'est pas un problème. Nous avons rendez-vous avec Simon.
4. Simon aime le volley. Et il aime surfer sur Internet.
5. C'est très marrant.
6. Alors, à samedi, chez Simon!

4 L'anniversaire de Julie

Mme Garnier: Samedi, Julie **a** 5 ans. Qu'est-ce qu'on **fait** pour son anniversaire?
M. Garnier: Julie adore la quiche ... Alors, nous **faisons** une quiche.
Charlotte: Mmmm! Est-ce que vous **avez** déjà un cadeau?
Mme Garnier: Mais oui! Nous **avons** un éléphant. [...]
M. Garnier: Et toi, Charlotte? Tu **as** une idée pour l'anniversaire de ta sœur?
Charlotte: Moi? J'**ai** une casquette pour Julie. Et puis, je **fais** un poème.
Mme Garnier: Tu fais un poème? [...]
Charlotte: Oui, et les copains de Julie **ont** aussi une idée: ils **font** un rap et ils chantent le rap pour Julie! Papa et toi, vous **faites** des photos, d'accord?

5 mon, ma, mes ...

1. Où est **mon** éléphant? Où est **mon** poème? 2. Où est **ma** casquette? Où sont **mes** photos? 3. Tu cherches **tes** photos? 4. Et voilà **ton** poème. 5. Elle cherche **son** éléphant? 6. Elle ne trouve pas **sa** casquette?

LEÇON 5 auto-contrôle (S. 77)

1 à + article

1. **au** supermarché
2. **à l'**hôpital
3. **au** parc
4. **au** cinéma
5. **à la** maison, **aux** toilettes
6. **à** Paris

TIPPS

Lies noch einmal dein Vokabelnetz zum Thema „l'appartement" durch (SB Ü 8, S. 25). Erstelle immer ein solches **Vokabelnetz**, wenn du mehrere Wörter zu einem Thema lernst!

Echo-Lesen: Lies den Text 3 B „L'ordinateur de Charlotte" Satz für Satz: Schau nach jedem Satz kurz vom Buch auf und wiederhole ihn laut aus dem Gedächtnis. Erst dann liest du den nächsten Satz.

Schreibe die zusammengehörenden **Wortpaare** in dein Heft und präge sie dir ein. Du kannst dir Vokabeln nämlich immer besser merken, wenn sie in einem **Zusammenhang** stehen.

Im Deutschen brauchst du zum Verneinen nur das **eine Wort** „nicht", im Französischen musst du an **zwei Wörtchen** denken: «**ne**» und «**pas**»!

Schreibe die Redewendungen
- Je ne sais pas.
- Ce n'est pas un problème.
- C'est très marrant.
- A samedi.

auf vier **Karteikarten** (die deutsche Übersetzung kommt auf die Rückseite) und bitte einen Mitschüler, dich abzufragen.

Lerne die folgenden **Merkgedichte** auswendig oder erfinde selber welche!

*J'**ai**, tu **as**, il **a***
un cadeau pour Malika.
*Nous **avons**, vous **avez**, ils **ont***
les photos pour les garçons.

*Je **fais**, tu **fais**, il **fait**,*
une photo pour le projet.
*Nous **faisons** et vous **faites***
une baguette pour Minette.
*Et que **font** les deux garçons?*
*Ils **font** une quiche pour Simon!*

Zeichne in dein Heft Dinge, die dir gehören und schreibe daneben:
«Voilà *ma* chambre. Voilà *mes* CD. Voilà *mon* ordinateur, ...»

Du siehst: Hier ist es wieder ganz wichtig, dass du den Artikel der Wörter kennst.
Schreibe deshalb die Nomen, bei denen du dir den Artikel schlecht merken kannst, in eine *rote (une photo)* und eine ***blaue (un problème)*** **Liste**. Führe diese beiden Listen regelmäßig fort.

LÖSUNGEN

TIPPS

2 Vocabulaire

1. l'infirmerie; 2. la cantine; 3. soixante et un; 4. numéro de télé-phone

Wenn du zu den Vokabeln eine **Zeichnung** anfertigst, behältst du sie leichter. Z.B. Messer und Gabel für *cantine*.

3 Les verbes

1. A 7 h 30, les élèves **vont** au collège. 2. Et vous, vous **allez** où? 3. Après les maths, nous **avons** une heure d'allemand. 4. Qu'est-ce que tu **fais** à midi? 5. Je **vais** à la cantine. 6. Dimanche, les copains **font** des photos. 7. Ma copine et moi, nous **faisons** des quiches. 8. A 16 h, Marine **a** rendez-vous avec Simon.

Oft kannst du durch den **Zusammenhang** herausfinden, welches Verb in die Lücke passt: Folgt eine Ortsangabe (*au* collège, *où*), ist es eine Form von *aller*. Um *faire* und *avoir* zu unterscheiden, musst du den Satz ins Deutsche übersetzen („Am Sonntag … die Freunde Fotos." ⟶ „machen" ⟶ *faire*).

4 Qu'est-ce qu'on dit en français?

1. – Tu vas à la cantine maintenant?
   – Oui, mais d'abord, je vais aux toilettes.
2. – Après la cantine, tu vas au gymnase?
   – Non, je rentre à la maison.
3. – Ah! Tu es malade? – Oui, j'ai mal à la tête.
4. – Tu habites où? – J'habite dans la rue Orfila.
5. – Il est quelle heure? Quatre heures et demie?
   – Non, il est cinq heures moins le quart.

Fragen und Antworten kann man am besten zu zweit üben. Einer schreibt die Fragen auf, der andere die Antworten. Dann **spielt ihr den Dialog nach**. Im Anschluss könnt ihr die Rollen tauschen.

LEÇON 6 auto-contrôle (S. 88–89)

1 Qu'est-ce qu'on dit en français?

1. J'ai rendez-vous avec mon copain Nicolas devant la Samaritaine. 2. De la terrasse, on a une vue super sur Paris! 3. Ça, c'est une idée. Est-ce que nous prenons (est-ce qu'on prend) l'escalier? Nous avons (on a) le temps! 4. Arrête! Je n'ai pas envie. Je prends l'ascenseur. 5. Est-ce que on prend (nous prenons) un coca sur la terrasse? 6. Ce n'est pas un peu cher ici?

Sieh dir den On dit-Kasten «D'accord? – Oh non!» noch einmal an oder übe mit deinen **On dit-Karteikarten.**

2 Vocabulaire

station – envie – boulangerie – appétit – grand – étages – terrasse – ascenseur – mère – frère
Lösungswort: COMPRENDRE

Suche in der Lektion 6 für jede Vokabel den **Satz, in dem sie zum ersten Mal vorkommt.** Schreibe die zehn Sätze in dein Heft.

3 mon, notre, votre, leurs?

1. **tes** copines, 2. **notre** copain, 3. **leur** prof de français, 4. **son** frère, 5. **ma** quiche lorraine, 6. **votre** quiche

Zwei Fragen helfen dir, den richtigen Possessivbegleiter zu finden: 1. Steht das Nomen im **Singular oder im Plural**? 2. Wenn es im Singular steht: Ist es **Maskulinum oder Femininum?**

4 de + article

1. la documentaliste **du** collège, 2. le prof d'allemand **de la** 5^{e}A, 3. l'emploi du temps **des** élèves, 4. la cantine **de l'**école, 5. une photo **des** correspondants; 6. le chien **du** prof

Um zu entscheiden, ob es *du* oder *de la* heißt, musst du das Geschlecht der Wörter kennen! Wenn du unsicher bist, schau in der **alphabetischen Wörterliste** *(liste des mots)* ab S. 156 nach.

LEÇON 7 auto-contrôle (S. 99–100)

1 Qu'est-ce qu'on dit en français?

1. C'est à moi. Je voudrais un ananas. 2. C'est combien, les bananes? 3. Alors, je prends un kilo de bananes. 4. Non. Je voudrais encore trois citrons. 5. C'est tout. Ça fait combien? 6. Voilà 10 €. 7. Au revoir et à bientôt.

Lies den Text 7 A noch einmal durch und schreib die „Einkaufs-**Redemittel**" in dein Heft.

2 Un kilo de …

1. un **kilo de** pommes; 2. deux **kilos de** bananes; 3. un **kilo d'**oranges; 4. une **bouteille d'**huile; 5. un **kilo de** riz; 6. un **peu de** sel; 7. un **peu de** poivre; 8. un **peu d'**huile; 9. **beaucoup de** quiches

Nicht vergessen: Im Französischen kauft man ein Kilo „von den" Bananen und eine Flasche „von der" Cola!

LÖSUNGEN

3 Les verbes *acheter, préférer, mettre*

acheter: j'**achète**, tu **achètes**, il/elle/on **achète**.
Les copains **achètent** ... Et qu'est-ce que vous **achetez** ... Nous **achetons** ...
préférer: tu **préfères**; nous **préférons**, ils/elles **préfèrent**.
Mme Garnier **préfère** les carottes. ... moi, je **préfère** le roller. ... vous **préférez** la pizza, non?
mettre: nous **mettons**; vous **mettez**; ils/elles **mettent**.
Qu'est-ce que tu **mets** ...; Moi, je **mets** ...; Ma mère **met** ...

LEÇON 8 auto-contrôle (S.107–108)

1 Qu'est-ce qu'on dit en français?

1. c C'est dommage. 2. c Merci pour l'invitation.
3. a Pourquoi est-ce que tu demandes ça? 4. b Comme ça.
5. a Ça va être super! 6. c Mais que faire?

2 On va aller à Paris!

1. Mathieu **va prendre des photos**. 2. Thomas et Sébastien **vont regarder les jongleurs**.
3. Marine et Morgane: «Nous **allons faire** les courses.» 4. Julie: «Je **vais prendre l'ascenseur** à la **tour Eiffel**.» 5. «Et vous, Luc et Marie? Est-ce que vous **allez prendre le métro** à la station Gambetta?»

3 Les questions

1. **Est-ce que** les copines vont faire une rando roller?
2. **Où est-ce qu**'elles vont commencer la rando? 3. **Quand est-ce que** la rando va commencer? 4. **Qu'est-ce qu**'elles vont acheter pour la rando? 5. **Pourquoi est-ce qu'**elles vont faire la rando? 6. **Est-ce qu'**elles vont inviter des garçons?

4 Vocabulaire

Isabelle **téléphone** à Malika:
– Demain soir, je vais faire une fête **parce que** mes **parents** ne sont pas à la maison! Tu as le temps?
– Une fête! C'est super! Merci pour **l'invitation**! Quand est-ce que ça **commence**?
– A huit heures. Je **voudrais bien** inviter Pierre aussi. **Dis donc**, tu as son **numéro de portable**?
– Non, mais j'ai son adresse **e-mail**.

LEÇON 9 auto-contrôle (S.111)

1 Qu'est-ce qu'on dit en français?

Arrêtez – Hört jetzt mal auf!
... si tu veux. – ... wenn du magst.
C'est la cata! – Das ist eine Katastrophe / ein Riesenproblem.
Oui, je veux bien. – Ja, gerne.
Reste cool! – Jetzt reg dich nicht auf! / Bleib cool / locker!
Pardon! Je m'excuse.

2 Vocabulaire

1. pique-nique; si; 2. rigole; 3. village; kilomètres; 4. portefeuille; 5. bouge; bateau; tomber

3 Vouloir et pouvoir

1. Vous voul**ez**; je ve**ux**; je ne pe**ux** pas; on pe**ut** 2. Tu ve**ux**; nous pouv**ons**; pe**ux**; tu ve**ux** 3. mes parents veul**ent**, vous voul**ez**; on pe**ut**; tu pe**ux**; je ve**ux**; je pe**ux**, tu ve**ux**

TIPPS

Achte bei *acheter* und *préférer* besonders auf die Akzente. Bei *mettre* ist knifflig, ob die Formen ein oder zwei *-t-* haben. Schreibe die drei Verben am besten noch einmal in dein Heft und **markiere** die Formen, bei denen du einen Fehler gemacht hast oder die du besonders schwierig findest.

Die **Redewendungen** dieser Übung kannst du bei einem Aufenthalt in Frankreich sicher gut brauchen. Schreibe sie deshalb unbedingt mit ihrer deutschen Übersetzung auf **Karteikarten** und **wiederhole sie regelmäßig**!

Lerne den folgenden **Merkvers** auswendig oder erfinde einen ähnlichen:
Je vais, tu vas, il va
à la fête de Malika.
Mais non!
Nous allons, vous allez, ils vont
tout de suite à la maison.

Ähnlichkeiten: Manche Fragewörter haben im Deutschen und im Französischen denselben Vokal!
Wann – *Quand*
Wo – ***Où***.

Erstelle ein **Vokabelnetz** zum Thema „la fête". Schreibe dabei die Wörter, die zusammengehören, nebeneinander (z. B. *une invitation / un numéro de portable / téléphoner à*).

Denke dir Sätze oder **Mini-Situationen** aus, zu denen die Redewendungen passen. Z. B.:
– J'adore un garçon de ma classe, mais c'est le copain de ma sœur. *C'est la cata!*
– *Reste cool!*

Wenn du ein Wort nicht so gut behalten kannst, bilde einen lustigen **Merksatz**, in dem es vorkommt. Z. B. „Avec Nicole, on rigole!" oder „On rigole – das ist toll!" oder „Un pique-nique – das ist schick!" oder „Le bateau est sur l'eau." oder „Mon portefeuille est mouillé! – Oh je!"

Merke dir zu *vouloir* und *pouvoir:*
Nur bei *nous* und *vous* bleibt das ***ou***!

Inhalt der CD

Leçon	Titel	Spielzeit	Track
	Chanson: Ensemble, on fait des découvertes	2'32"	1
	Playback: Ensemble, on fait des découvertes	2'31"	2
Vorkurs	A Paris	0'29"	3
Vorkurs	Je m'appelle	2'09"	4
Vorkurs	Chanson: a, b, c	0'51"	5
Vorkurs	En classe - Memory	1'28"	6
Vorkurs	Chanson: Le rap des nombres	1'11"	7
Vorkurs	Playback: Le rap des nombres	1'05"	8
Vorkurs	Bingo	2'17"	9
Leçon 1, Activité 1	Qui est-ce?	1'03"	10
Leçon 1, Activité 3	Ecoutez!	0'51"	11
Leçon 1, Activité 7	Les sons	0'49"	12
Leçon 1, Activité 8	Kiki, Rémi, Julie	0'30"	13
Leçon 2, Activité 2	La BD de Charlotte	1'31"	14
Leçon 2, Activité 6	Il y a ...? C'est où?	0'45"	15
Leçon 2, Activité 7	Malika et David à Paris	0'53"	16
Leçon 2, Activité 13	Tu es d'où?	0'40"	17
Leçon 2, Activité 16	Ils sont où?	1'26"	18
Leçon 2, Activité 18	Qu'est-ce que c'est en français?	0'59"	19
Leçon 2, Activité 19	Jeu de sons	1'01"	20
Leçon 3, Activité 1	On cherche et on trouve	1'05"	21
Leçon 3, Activité 5	L'appartement de Charlotte	1'25"	22
Leçon 3, Activité 10	Chanson: L'anniversaire de Babou	2'18"	23
Leçon 3, Activité 10	Playback: L'anniversaire de Babou	2'09"	24
Leçon 3, Activité 22	Les chambres de Pierre et de Farid	1'12"	25
Leçon 3, Activité 26	Le son [õ]	0'33"	26
Leçon 3, Activité 27	La liaison	0'40"	27
Leçon 4, Activité 5	Qu'est-ce que tu cherches?	0'47"	28
Leçon 4, Activité 10	Tu es de Toulouse?	0'50"	29
Leçon 4, Activité 13	Vrai ou faux?	0'40"	30
Leçon 4, Activité 18	Une interview	1'00"	31
Leçon 4, Activité 19	Un poème	0'31"	32
Leçon 5, Activité 6	Des éléphants	1'08"	33
Leçon 5, Activité 11	Il est 15 h 15	1'10"	34
Leçon 6, Activité 3	A Paris	2'41"	35
Leçon 6, Activité 13	Devant le Centre Pompidou	1'02"	36
Leçon 6, Activité 18	Lire, comprendre et écouter	1'31"	37
Leçon 7, Activité 7	Ça fait combien?	1'35"	38
Leçon 8, Activité 11	Est-ce que le prof est cool?	1'34"	39
Leçon 8, Activité 12	Ecoutez!	1'13"	40
Leçon 9, Activité 4	Ecoutez: Ouf ou zut?	1'21"	41
Module 1	Une idée super	1'46"	42

Gesamtlaufzeit: ca. 53'

Sprecherinnen und Sprecher
Stanislas André, Frédéric Auvrai, Jean-Pierre Bélissent, Marie-Laure Béneston, Nour Bennani, Noé Berling, Jean Bigot, Naila Bjaoui, Laure Boivin, Sonia Blin, Grégory Chevalier, Flaminio Corcos, Geneviève Crouzet, Claire Delaunay, Thérèse Delaunay, Morgan Denis, Théo Dusapin, Lucas Gauthier, Anne-Sophie Guirlet-Klotz, Léo Koesten, Thibault Kreutzer, Cédric Labry, Antonin Lebas-Joly, Joséphine Lebas-Joly, Julien Lauret, Vincent Liebenwein, Edith Michaelsen, Augustin Montelet, Véronique Muller, Aida Nouaim, Carlos Pépé, Christine Séguret, Mostefa Stiti, Régis Titéca, Chahin Tyclé, Florian Walz

Chansons:
- **Ensemble, on fait des découvertes** Text: Laurent Jouvet; Melodie: Alexander Gress; Bearbeitung und Arrangement: Raymond und Alexander Gress; Gesang: Julie Victor; Tonstudio Gress, Sindelfingen; Ernst Klett Verlag 2004
- **a, b, c,** Arrangement: Wolfgang Froese, Ernst Klett Verlag 1996
- **Le rap des nombres** Arrangement: Philipp Heck, Gesang: Lucas Gauthier und Anne-Sophie Guirlet-Klotz, Ernst Klett Verlag 2008
- **L'anniversaire de Babou** Text und Melodie: Wolfgang Froese, Arrangement: Nicolaj Reck, Gesang: Gilles Floret. Ernst Klett Verlag 2004

Aufnahmeleitung: Edith Michaelsen
Aufnahme: Bauer Studios, Ludwigsburg, Beryl Studio, Paris, Ton in Ton Medienhaus, Stuttgart
Mischung und Mastering: Bauer Studios, Ludwigsburg, Beryl Studio, Paris, Ton in Ton Medienhaus, Stuttgart